Evelin Bürger · Johannes Fiebig

TAROT

Spiegel Deiner Möglichkeiten

— Ausgabe Crowley-Tarot —

ISBN 3-923261-35-7 (Ausgabe Crowley-Tarot)
(ISBN 3-923261-37-3, Crowley-Ausgabe mit Karten, verschweißt)
(ISBN 3-923261-39-X, Crowley-Ausgabe mit Karten in Geschenkschachtel)

Titel: Verlag Kleine Schritte
Tarotkarten: Abb. mit freundlicher Genehmigung von
AGM Müller Spielkartenfabrik, CH - 8212 Neuhausen

Auflage 6 5 4 3 2
© und Gesamtproduktion im Jahr: 98 97 96 95 94 93 92
bei *verlag kleine schritte*

Ursula Dahm & Co.
Postfach 3903, D - 5500 Trier

Nachdruck und Vervielfältigung jeder Art, auch auf Bild-, Ton-, Daten und anderen Trägern, insbes. Fotokopien (auch zum »privaten Gebrauch«), sind nicht erlaubt und nur nach *vorheriger* schriftlicher Absprache mit dem Verlag möglich.

Die vorliegende Crowley-Ausgabe erhalten Sie auch in zwei Varianten zusammen mit den Karten:
a) Buch & Karten im Set verschweißt (ISBN 3-923261-37-3)
b) Buch & Karten in einer eigens entwickelten, sehr schön gestalteten Geschenkschachtel (ISBN 3-923261-39-X).

Den vorliegenden Band gibt es außerdem in einer Rider-Ausgabe, mit entsprechenden, spezifischen Texten (ISBN 3-923261-05-5).
Schließlich sind zwei Rider-Ausgaben mit Karten erhältlich:
a) Buch & Karten im Set verschweißt (ISBN 3-923261-36-5)
b) Buch & Karten in einer eigens entwickelten, sehr schön gestalteten Geschenkschachtel (ISBN 3-923261-38-1).

Inhalt

Möglichkeiten des Tarot 5
Anwendungen des Tarot 16
Deutungen des Tarot 23
»Spielregeln« 23

Große Arkana 24
Stäbe 46
Kelche 62
Schwerter 78
Scheiben 94

Erfahrungen mit Tarot 110
Die Zuordnung der Tierkreiszeichen
und Planeten 115
Deine Sicht der Karten ist maßgeblich 118

Quellenangaben und Anmerkungen 119
Literaturhinweise 123
Zu den Autoren 124

Möglichkeiten des Tarot

Tarot ist ein altes Kartenspiel, das in unserer Zeit auf völlig neue Weise entdeckt wurde. Es läßt sich am besten als eine Übung begreifen, bei der wir spielerisch und bewußt Träume schöpfen. Tarot-Kartenlegen ist heute ein Mittel der kreativen Meditation, ein Training der Intuition und eine Begegnung mit dem Fantastischen. Tarot-Karten werden seit der Renaissancezeit (15. Jhd.) hergestellt. Die Symbolik greift sogar auf wesentlich ältere Motive der Kulturgeschichte zurück. Erst aber unser »visuelles Zeitalter« und speziell die aktuelle Faszination von Zauber und Poesie, die persönliche »Suche nach dem Regenbogen« haben in den vergangenen Jahren den Tarot-Karten selbst eine Renaissance beschert, die in der langen Tarot-Geschichte ohne Beispiel ist.

Tarot setzt auf Deine Selbständigkeit

Auf den 78 Spielkarten des Tarot sind 22 Stationen der »großen Reise« und die je 14 Stationen der vier Farbreihen oder »kleinen Reisen« aufgezeichnet. Sie heißen auch die 22 »großen« und die 56 »kleinen« Karten oder Arkana (Arkanum = Geheimnis; Arkana ist der Plural).

Die Kartenbilder wenden sich an die Fantasie und die Intuition ihrer/s Betrachterin/s. Sie wirken wie ein Spiegel, in den Du hineinschaust. Wenn Du willst, kannst Du Dich und auch Deine Umwelt damit ausleuchten. Tarot hat sich als hilfreiches Mittel der Selbstreflexion und Erkenntnis bewährt. Einer der großen Vorteile des Tarot ist: Du weißt, wenn Du die Karten liest, immer, daß Du es bist, die/der da bestimmte Dinge sieht und hineininterpretiert. Du hast beim Tarot die Karten in der Hand. Du bestimmst, wohin und wieweit Du mit ihnen gehen willst. Da ist kein Meister oder Guru, auf den Du Dich einlassen müßtest, kein starres Raster oder System. Tarot setzt auf Dein selbständiges Interesse, ein tieferes Verständnis für Situationen und Probleme des Alltags zu gewinnen. Zugleich ist Tarot als ein Spiel angelegt, und es behält seinen spielerischen Charakter, auch wenn Du dabei tief in Dich hineinschaust.

Tarot kann den Alltag bunter machen

Wer Tarot nicht kennt, mag sich fragen, warum erwachsene, aufgeklärte Menschen sich Zeit und Muße nehmen, Kopf und Herz in einen Packen Karten voll bunter Bilder zu stecken. Darauf gibt es verschiedene Antworten, und schließlich muß man und frau es selbst ausprobieren. Tarot kann sehr spannend sein. Wir können uns Fragen stellen und in den Karten Antworten finden. Tarot kann ein Mittel sein, um mit der inneren Stimme in Kontakt zu kommen. Das kann Entscheidungen erleichtern. Es können Fantasiereisen in der Bilderwelt der Karten unternommen und Geschichten zu einer Folge von Karten ausgedacht werden.

Eine bestimmte Karte, zu Hause oder an der Arbeitsstelle plaziert, kann wie der Knoten im Taschentuch an Vorsätze und Absichten erinnern. Wir können uns gegenseitig die Karten legen und in eingefahrene Gespräche, z.B. in Arbeitspausen oder auf Feiern, Abwechslung und ein Stück Annäherung hineintragen. Mit Hilfe der Karten kannst Du womöglich leichter von Dir und Deinen Ideen erzählen. Die Karten können in persönlichen Gesprächen als Brücke dienen, andererseits auch eine gewisse Distanz wahren helfen, wenn Du das willst. Geeignet ist Tarot außerdem für Phasen der Zurückgezogenheit und für Meditationen. Auch in Selbsterfahrungs- und Gruppenprozessen hat es sich als Hilfsmittel bewährt.

Tarot hilft, Bedeutungen zu verstehen

Die Welt ist voller Symbole, die wir in ihrer Bedeutung oft gar nicht bewußt wahrnehmen. Die Seele, unsere innere Wahrnehmung registriert jedoch die Tagesereignisse auf eigene Weise und verarbeitet sie zu inneren Eindrücken und Bildern, die sich in Träumen, intuitiven Einfällen und Assoziationen Ausdruck verschaffen. Deren Bedeutungen kennenzulernen ist aufschlußreich und nützlich. Es kann einfache Neugier sein, die zur Beschäftigung mit den inneren Bildern führt, oder das Interesse, der Fantasie einen größeren Spielraum zu geben. Es kann ebenso das Bedürfnis nach einer bewußten und einfühlsamen persönlichen Lebensgestaltung sein. Solange die innere Bedeutung Deines praktischen Tuns im Unbewußten verborgen ist, kennst Du nur die eine Seite von Dir. Wenn Du mit Deinen inneren Bildern arbeitest und ihre Sprache verstehen lernst, findest Du jedoch zu tieferen Bedeutungen. Du erschließt Dir Deine innere Stimme und damit zugleich eine verläßliche Quelle Deiner persönlichen Orientierung.

Für solche Wahrnehmungs- und Verständnisprozesse ist Tarot gut geeignet. Mit seinen 78 Bildern und reichen Verknüpfungsmöglichkeiten ist es ein differenziertes Darstellungs- und Ortungsmittel, das vielfältige Symbole erfassen und deuten kann.

Tarot kann persönliche Orientierungshilfen geben

Die Karten wirken oft bereits deshalb als Orientierungshilfe, weil Du Dir einmal Zeit nimmst, Dich hinzusetzen und Dich mit Deiner Person oder bestimmten Problemen zu beschäftigen. Weil die Karten etwas Spielerisches an sich haben, kannst Du Dich persönlichen Themen und Fragen unverkrampfter widmen, als wenn Du nur nachdenkst und sofort zu Ergebnissen kommen willst. Die Karten zu lesen, bedeutet auch, ein Medium zu haben, mit dem Du Dich selbst von außen betrachten kannst; Du trittst Dir selbst gegenüber, ein Vorgang, für den z.B. die Karte VI-Die Liebenden stehen kann. Tatsächlich ist es jedesmal eine kleine Liebeserklärung an Dich selbst, wenn Du bereit bist, Dich auf Dich einzulassen, um Deinen Wünschen und Ängsten Raum zu geben.

Der Sache nach können die Karten Orientierungshilfen geben, weil sie Symbole konzentrieren und die Inhalte innerer und äußerer Bilder deutlich machen. »Denn ein Weg zur Wirklichkeit geht über Bilder«, bemerkte Elias Canetti: »Man hält sich an das, was sich nicht verändert, und schöpft damit das immer Veränderliche aus. Bilder sind Netze, was auf ihnen erscheint, ist der haltbare Fang. Manches entschlüpft und manches verfault, doch man versucht es wieder, man trägt die Netze mit sich herum, wirft sie aus und sie stärken sich an ihren Fängen.«*

Um die Spezialitäten des Crowley-Tarot hervorzuheben, erscheint es vorab notwendig, zu verstehen, daß die Renaissance der Tarot-Karten ein Zeichen *unserer* Zeit ist. Weder aus dem Okkultismus des 19. oder des frühen 20. Jahrhunderts noch aus der Person Aleister Crow-

---

Die Quellenangaben für die Zitate befinden sich auf S. 119 ff.

leys läßt sich das heutige Tarot-Interesse begreifen. Noch nie haben sich so viele Menschen wie heute die Tarot-Karten gelegt. Und noch nie geschah dies in der heute üblichen Form, daß wir selbständig die Karten bewegen und eine bedeutungsvolle und dennoch relativ offene Interpretation der Bilder und Symbole vornehmen, die am ehesten mit der Traumdeutung zu vergleichen ist. Heute existieren auf der Welt mehr als 400 verschiedene Sorten Tarot-Karten. Das »Aleister Crowley Thoth Tarot« zählt mit zu den populärsten und wird in seiner Bedeutung am besten als ein Faktor, als ein gewichtiges Moment der neuartigen Tarot-Begeisterung erfahrbar.

Tarot — ein Zeichen unserer Zeit

»Zwischen mystischem Firlefanz und traumfeindlichem Intellekt spricht nun das Tarot spielerisch die Intuition an. In seinen Bildern verdichten sich mythologisches, philosophisches und religiöses Erfahrungsgut zahlreicher kultureller Strömungen und eine esoterisch-okkulte Tradition«, schrieb die Wochenzeitung »Die Zeit« 1984, als die derzeitige Tarot-Welle unübersehbare Ausmaße annahm. Wahrsagerei und klassische Esoterik spielen in den gegenwärtigen Tarot-Gebrauch hinein. Doch es ist etwas Anderes, etwas Eigenes, das im deutschsprachigen Raum derzeit Millionen von Menschen zu den Karten greifen läßt. Die wesentlichen Quellen für die aktuelle Popularität des Tarot waren — neben kleineren spirituellen und esoterischen Gruppen — in den 1960er Jahren die Hippie-Bewegung und in den 1970er Jahren die Frauen-Bewegung. Auch die Popularität des Crowley-Tarot hat hier ihren Ursprung. 1969 in den USA erschien es erstmals auf gedruckten Karten.

Millionen haben hierzulande die Karten allein durch die großen Publikumszeitschriften kennengelernt. Filme, Ausstellungen, Romane und Musikstücke präsentieren Tarot-Themen und tragen zur Verbreitung des Kartenlegens ein Übriges bei. Heute läßt sich das Interesse am Tarot keineswegs mehr einer bestimmten Szene zuordnen; es ist zu einem Teil der Alltagskultur geworden. Manche Beobachter/innen stehen relativ fassungslos vor diesem Phänomen, sortieren es entweder unter die Rubrik »Neuer Aberglaube« oder in die Schublade »Esoterik-Welle«. Doch dies wird der vorherrschenden Tarot-Praxis nicht gerecht.

Tarot — ein altes Erbe

Die ersten Tarot-Karten entstanden um 1430 — 1460 in Oberitalien und etwas später in Südfrankreich. Die Bilder und Symbole, also die Inhalte der Karten, sind wesentlich älter. Mittelalterliche, antike (z.B. klassisch-griechische) und frühgeschichtliche (z.B. babylonische) Motive finden sich im Tarot vereint. Eine inhaltliche oder weltanschauliche Interpretation der Tarot-Karten beginnt jedoch im wesentlichen erst mit dem 19. Jahrhundert.

Es ist für die heutige Diskussion bedeutsam, daß die okkulte oder esoterische Tarot-Interpretation ein relativ spätes Kapitel der Tarot-Geschichte darstellt. Die esoterischen Religionen und Weltanschauungen verfügen über alte Traditionen, die Teil der Kultur des Abendlandes sind. Aber bis ca. 1800 gibt es keinerlei Zusammenhang zwischen den Tarot-Karten und der Esoterik. Die für die esoterische Tarot-Interpretation so bedeutsame Verbindung der Karten mit dem System der Kabbala wurde erstmals 1856 entwickelt. (Da existierten Tarot-Karten bereits seit 400 Jahren, und die Kabbala, die Überlieferung der jüdischen Geheimlehre, war noch wesentlich älter!)

Die 1781 von A. Court de Gebelin und 1783/85 von Etteila verfaßten Schriften sind die ersten bekannten Anhaltspunkte für eine esoterische Karteninterpretation. Diese wurden von Eliphas Lévi weiter ausgearbeitet, der in seinen 1856 erschienenen Werken über Magie auch die erste Kombination von Tarot und Kabbala praktizierte. Daß Okkultismus so etwas wie der natürliche Verbündete des Tarot sei, entspricht also nur im Hinblick auf eine bestimmte Zeit den historischen Gegebenheiten. Tarot als Demonstrationsobjekt esoterisch-okkulten Gedankenguts ist vorwiegend eine Erscheinung des 19. Jhs.

Um 1900 datiert die Blütezeit der okkulten Tarot-Versionen. Gegen Ende des 19. Jahrhunderts nämlich entstanden erstmals Tarot-Decks, denen ein esoterisches Konzept zugrunde lag. Bis dahin waren traditionelle Karten lediglich esoterisch interpretiert worden. 1889 entwickelten nun Papus sowie Oswald Wirth eigene Karten, die von entsprechenden theoretischen Erklärungen begleitet waren. 1888 nahm auch der Golden-Dawn-Orden seine Tätigkeit auf (die bald nach 1900 wieder endete). Sein »hausgemachtes« Deck diente als Anregung für das Rider-Waite-Tarot und gleichfalls für das Crowley-Tarot, das 1943 als letzter »Klassiker« des okkulten Tarot erschien.

Teil der Tradition: Das Crowley-Tarot

Als ein Ausläufer des 19. Jhs. unter den Bedingungen des 20. Jhs. ist das Crowley-Tarot einerseits »modern«: Jugendstil- und Art-Deco-Elemente bestimmen Graphik und Design der Karten; Surrealismus, »abstrakte Kunst«, Psychoanalyse, fernöstliche Philosophie u.a.m. sind als offensichtliche Voraussetzungen vorhanden. Auf der anderen Seite erscheint das Crowley-Tarot betont »traditionell«: Die Umstellung der Großen Karten Nr. VIII und XI, welche der Golden-Dawn-Orden um 1900 eingeführt hatte, wurde hier wieder zurückgenommen. Die 1910 vom Rider-Waite-Tarot (und danach auch von anderen) verwirklichte *bildhafte* Darstellung aller 78 Karten wurde von A. Crowley und Lady F. Harris weitgehend reduziert und stattdessen Anschluß an die ornamentale und konzepthafte Ausgestaltung der meisten Karten gesucht, wie sie im 19. Jahrhundert üblich war.

Eine Neuerung des Crowley-Tarot sind die aufgedruckten Titel auf den Zahlenkarten; die Titel selbst jedoch bleiben weitgehend konventionell: Die Zwei Kelche als »Liebe«, die Zehn Scheiben als »Reichtum« oder die Zehn Schwerter als »Untergang« zu deuten, das hatten — z.T. wörtlich gleichlautend — die Altmeister der esoterisch-okkulten Tarot-Interpretation bereits genauso gesehen. — In aller Regel sind die aufgedruckten Titel zutreffend, als *alleinige* Bildunterschriften jedoch sehr irreführend, weil nur ein Aspekt aus dem großen Bedeutungsspektrum jeder Karte herausgegriffen wird. Daher empfiehlt es sich, beim Legen bzw. beim Aufdecken dieser Karten den Daumen auf den Untertitel zu halten, um sich zunächst davon unabhängig und selbständig mit Bildelementen und Symbolen zu beschäftigen. —

Auch solche Karten des Crowley-Tarot, deren Darstellung vordergründig betrachtet von der überlieferten Motivwahl recht weit abweicht, bleiben der Sache nach innerhalb des überlieferten Bedeutungsrahmens. Ein gutes Beispiel dafür bietet die große Karte XX (s.S. 43). Bei Crowley heißt sie das »Äon«, während sie im allgemeinen mit »Gericht« bezeichnet wird. Das traditionelle Bild knüpft an die christliche Vorstellung vom Jüngsten Gericht an: Ein Engel bläst die Posaune, wie es Thema in der biblischen »Offenbarung« ist, die Gräber öffnen sich, die Toten stehen zu einem neuen Leben auf. Mit dieser Bildversion hat das Crowley-Bild derselben Karte scheinbar nichts, bei genauerer Betrachtung jedoch sehr viel gemeinsam.

Der Titel »Äon« bedeutet soviel wie »(Neues) Zeitalter« und »(Neue) Zeitrechnung«, und eben dies läutet auch das Jüngste Gericht nach christlicher Vorstellung ein. Nicht anders als die üblichen Bilddarstellungen stellt das Crowley-Bild einen Geburtsvorgang dar, und macht somit Offenbarung, Auferstehung und (Wieder-)Geburt zum Thema. Bis in die Einzelheiten der Bildgestaltung und der Bildbedeutung gibt es Entsprechungen zwischen den traditionellen Versionen und der Crowley-Variante der Karte XX. (Ein bestimmtes widersprüchliches Verhältnis zwischen Himmel und Erde, Altem und Neuem, Anfang und Ende, Anspruch und Wirklichkeit usw. haben alle Bilder dieser Karte zum gemeinsamen Inhalt.) Der Akt der Neugeburt, der Auferstehung und der Befreiung ist im traditionellen wie im Crowley-Bild erkennbar, ebenso auch die Gefährdung dieser Transformation. Wie im traditionellen Bild Himmel und Erde zu weit auseinanderklaffen können, so ist der Geburtsvorgang im Crowley-Bild unter anderem auch so zu sehen, daß er auf halbem Wege ins Stocken geraten ist. Andererseits bedeutet der geflügelte Posaunenengel im traditionellen Bild einen Kulminations- und Schmelzpunkt, welcher die unterschiedlichsten Wahrheiten in einer übergreifenden Wirklichkeit zu vereinen vermag; dem entspricht im Crowley-Bild die geflügelte Sonne, jener untere der beiden roten Punkte. Diese Zuspitzung gleicht einem Brennpunkt und signalisiert, daß die Transformation, die »Hochzeit von Himmel und Erde«, ein Leben in einer neuen Dimension gelingen mag. — Für die aktuelle Interpretation, auch des Crowley-Bildes, bleibt die traditionelle Botschaft der Karte XX gültig und maßgebend, wenn wir sie auf die eigene Lebenssituation beziehen: »Der *jüngste* Tag ist heute!«

Originalität zwischen Nostalgie und Privatmythologie

Selbstverständlich erschöpft sich das Crowley-Tarot nicht in bloßer Wiederholung der Tradition. Es stellt sich jedoch in vielerlei Beziehung so deutlich als Erbe der Tarot-Auffassung des 19. Jahrhunderts dar, daß jene Gerüchte, welche dem Crowley-Tarot eine wie auch immer geartete Ausnahmerolle zuweisen möchten, sich durch Unkenntnis strafen oder an Äußerlichkeiten festhalten. Die Leistungen und Stärken dieses Tarot, das Aleister Crowley konzipierte und Lady Frieda Harris kreierte, liegen vielmehr darin, daß die überlieferten Darstellungsformen des Tarot in vergleichsweise moderne, »abstrakte« und energetische Motive und Strukturen übertragen wurden. In dieser selbständigen Neufassung bzw. Variation des esoterisch-okkulten Tarot-Erbes liegt denn auch die Originalität des Tarot von Harris und Crowley.

Weniger originell ist die Bezugnahme auf die ägyptische Mythologie, welche sich in vielen Einzelsymbolen wie auch im Titel der Karten (Thoth-Tarot) äußert. A. Court de Gebelin und Etteila hatten die Legende vom ägyptischen Ursprung der Tarot-Karten aufgebracht. Dieses fantasievolle Beiwerk hat zwar bis in die esoterische Literatur der heutigen Tage für einige Verwirrung gesorgt (weil sie für bare Münze genommen wurde), ist aber aus den Zeitumständen jener ersten Tarot-Deutungsversuche verständlich. 1781 und 1783/85, als die Genannten ihre Schriften veröffentlichen, lebte halb Europa und namentlich Frankreich in einer Ägypten-Euphorie, welche der Eroberung Ägyptens wie auch der Entzifferung der Hieroglyphen vorausging. Für Aleister Crowley jedoch, der die Herstellung der Tarot-Karten durch Frieda Harris von Ende der 1930er Jahre bis 1943, an seinem Lebensabend, anleitete und begleitete, zeugt die Bezugnahme auf das legendäre Tarot-Ägypten vor allem von Nostalgie und dem schon angesprochenen Hang zur Tradition.

Innerhalb dieses konventionellen Rahmens hat A. Crowley vielfach eine Art Privatmythologie eingebaut. In seinen Karten (und erst recht in seinen Kommentaren dazu) treten Figuren und Motive in ägyptischer Gestalt auf, die es in der ägyptischen Mythologie gar nicht gibt: Beispielsweise in der Bildmitte auf Karte XX das auf die Spitze gestellte Lichtei mit den beiden roten Brennpunkten sowie die Kombination dieser Symbolik mit einer selbstgeschaffenen Gottheit namens Hadit, von welcher Crowley in seinen Texten spricht.

Wir tun insoweit gut daran, uns von den Kartenbildern zwar beeindrucken zu lassen, zugleich jedoch nicht alles buchstäblich zu nehmen, was A. Crowley in die Bilder hineinlegte (und was er an Kommentaren dazu notierte).

Der Sinn der Bilder erschließt sich — wie bei jedem Tarot-Spiel — vielmehr aus der Verbindung von *Wissen* um die bisherige Bedeutungsgeschichte der einzelnen Karten plus der persönlichen *Erfahrung*, welche aus der Intuition und der Betroffenheit eines jeden Tarot-Spielers (jeder Tarot-Spielerin) im Augenblick einer (erneuten) Begegnung mit einer Karte entspringt. Entscheidend ist dafür die ganzheitliche, bildhafte Wahrnehmung einer jeden Karte. Ein Bild läßt sich nicht einfach durch Definitionen ausschöpfen; die Begegnung mit einem Bild ist jeweils auch eine subjektive, persönliche und situationsbezogene Angelegenheit. Dieses mehr oder weniger unmittelbare Erlebnis der eigenen Anschauungen und Betroffenheiten — jenseits und im Vorfeld festgelegter Begriffe und Bewertungen — hat unzählige Menschen am Tarot fasziniert und beflügelt sie auch weiterhin.

Crowley's »Schwarze Magie«

Aleister Crowley verstand sich und lebte als »Schwarzmagier«, bezeichnete sich als »Großes Tier«, und es gibt wenig, was daran zu rütteln oder zu verherrlichen wäre. Seine Tarot-Karten dürfen und müssen wir durchaus von seiner Lebenseinstellung und seinem Lebensbeispiel trennen: Nicht so sehr — wie oft argumentiert wird —, weil die Karten ja nicht von ihm, sondern von Frieda Harris angefertigt wurden; hauptsächlich deshalb, weil es zu den bisherigen Widersprüchen unserer Kultur gehört, daß Leben und Werk eines Menschen nur im glücklichen Falle miteinander aufgehen. Wenn alle kulturellen Leistungen von gescheiterten oder zweifelhaften Existenzen tabu sein sollten, könnten wir die Hälfte unserer Bibliotheken und entsprechender Institutionen schließen. Allerdings ist sicher, daß Crowley nicht nur Kavaliersdelikte zu verbuchen, sondern daß er einige Menschen den Verstand, den Lebenswillen und zumindest mittelbar das Leben gekostet hat. Da hört jede »Sympathy for the devil« auf.

Das größte Problem der »Schwarzen Magie« besteht jedoch nicht allein darin, daß andere Menschen geschädigt werden. Der oder die »Schwarzmagier/in« betrügt sich selbst um Lebensfreude und Lebensinhalte, insofern er oder sie sich in eine Schattengestalt — in einen Schatten seiner selbst oder ihrer selbst — verwandelt. Crowley's Schatten waren zum einen verschiedene Engel und Geister, zu denen er Kontakt unterhielt; zum anderen seine (selbstgewählte) Rolle des »Großen Tieres« und Antichristen. Auch hier dürfen wir Crowley nicht allzu wörtlich nehmen. Was seine Engel usw. ihm durchgaben, ließ sich vielfach in älteren Schriften nachlesen. Und sich als »Großes Tier« zu stilisieren, ist eine Mischung aus frommem Wunsch und unwirklicher Inszenierung.

Ein Irrtum nämlich, der noch aus der bürgerlichen Ablehnung des Unbewußten resultiert, besteht in der Vorstellung, wenn die animalischen Instinkte bei ihm durchbrechen, so werde der Mensch zum Tier. Diese Auffassung tut jedoch Mensch wie Tier unrecht. Was von Menschen schon an Gewalttaten ersonnen und ausgeführt wurde, hat in der Tierwelt keine Parallele. Wenn der Mensch in diesem Sinne zum »großen Tier« werden will, muß er sich ordentlich anstrengen und auf unnütze oder verbrecherische Weise Geist und Willen benutzen — also das, was das Tier nicht hat —, um seinen »animalischen« Impulsen, die tatsächlich aus Anima und Animus stammen, eine verheerende Wirkung zu geben. Der verlorene, entratene oder schlicht unbekannte *Wille zu sich selbst* ist Quelle von Animismus (Projektion von menschlicher Seele und Geist auf die äußere Natur) und Animalität (persönliche Geist- oder Seelenbesessenheit). Für diese Zusammenhänge ist Aleister Crowley ein treffliches Beispiel. Der »wahre Wille« war einer seiner Lieblingsbegriffe, während ihm, Crowley, — oftmals von Suchtmitteln abhängig und auf der Flucht über die halbe Erdkugel — nichts mehr fehlte als ein Wille, der ihn zu sich selbst geführt hätte.

Das einzige »hausgemachte« Problem des Crowley-Tarot besteht darin, daß hier fast alle menschlichen Figuren als gesichtslose Schemen erscheinen. Das kann ein künstlerisches Mittel bedeuten (mit dem Vorteil einer Art »Entspiegelung« bei der Betrachtung); dies kann jedoch auch ein Reflex jenes fehlenden Willens zu sich selbst und jener persönlichen Schattenexistenz sein. Gegen letzteres können und müssen wir uns schützen, indem wir das eigene Gesicht in die Wahrnehmung der Kartenbilder bewußt mit hinein nehmen.

Liebe, Tod und Teufel

Man soll seinen Schatten nicht fürchten und auch nicht meiden; nichts spricht jedoch dafür, sich in ihn zu verlieben oder ihn zum »Eigentlichen« zu erheben. Der Schatten besitzt keinen Selbstzweck. Der Zweck des Schattens ist vielmehr die Bewußtwerdung des Selbst. Der Schatten umfaßt die fortlebenden Kräfte der Vergangenheit und die werdenden, aber noch ungeborenen Realitäten der Zukunft. Nur wenn es gelingt, die Schatten der Vergangenheit und die Schatten, welche die Zukunft vorauswirft, als solche zu verstehen und in einer bewußten Gegenwart aufzuheben, lohnt sich die Auseinandersetzung mit dem Schatten. Dann jedoch gewinnt unser Leben eine Intensität und einen Reichtum, welche eine ebensolche Neue Dimension eröffnen, wie sie die Karte »Das Äon« zeigt.

Zur gesellschaftlichen Vorgeschichte der Crowley-Karten gehört die Entdeckung des Planeten Pluto. Der kleinste (der großen) Planeten unseres Sonnensystems wurde erst 1930 entdeckt. Seine Umlaufzeit um die Sonne (rund 248 Jahre) weist auf seine ungeheure Reichweite hin. Diese astronomischen Tatsachen werden hier erwähnt, weil nach allgemeiner astrologischer Auffassung das Sichtbarwerden des Pluto Zeichen für eine neue Bewußtseinsstufe im menschlichen Verhalten ist. Mit Pluto werden die Scham- und die Schattengrenzen und der Begriff des (menschlichen) Reichtums neu definiert. Bis 1930 markierte Neptun die äußerste Grenze. Vieles, was bis dato jenseits von Neptun lag, wurde plötzlich zu einem *Diesseits* — nämlich von Pluto. »Neptun« stellt astrologisch die Kräfte des kollektiven Unbewußten, der großen Stimmungslagen und der »ozeanischen Gefühle« dar. Neptun regiert in den Fischen, deren Definition »Ich glaube« lautet. *Vieles von dem, was im Glaubensleben als Jenseits galt, wird also zum Gegenstand einer »diesseitigen« Erfahrung.* Vieles von dem, was vor 1930 den Glauben, die einzelne Person sowie das Subjektiv-Erfaßbare überstieg, gehört nun zum inneren Bereich unseres (Sonnen-)Systems und auch zum Innenleben des Menschen.

Pluto erfordert eine Offenheit für und eine Auseinandersetzung mit »Eckwerten« und »Grenzerfahrungen«, welche bis in die Anfänge dieses Jahrhunderts so selbstverständlich, so heilig oder so tabuisiert waren, daß sie bis dahin »kein Thema« waren. Vieles, was vormals (und zum Teil seit Urzeiten) im Schatten lag, ist zu Tage getreten und dieser Prozeß der Offenbarung verborgener Seinsbereiche hält weiter an. Die Psychoanalyse hat insbesondere die Triebe und die Instinkte sichtbar gemacht: die Sexualität und andere elementare Antriebe und Bedürfnisse. Die Tiefenpsychologie hat ganze Archive von versunkenen Bildern, Archetypen und Urerfahrungen ausgegraben und aus dem Unbewußten hervorgehoben. Die Ahnung von den Möglichkeiten und den Abgründen der menschlichen Natur hat sich erheblich erweitert. Zahlreiche Personen und gesellschaftliche Strömungen haben zu neuen Sinn- und Freiheits-Erfahrungen, zu neuen Paradiesvorstellungen gefunden, haben eigene Lebensformen und Begriffe für diese »äußersten« Realitäten entdeckt. Tarot als Symbolsprache und als ein Teil der sogenannten Grenzwissenschaften kann auf dem Weg dorthin als Brücke und als Wegführer dienen, indem es persönliche Erfahrungs- und Wandlungsprozesse einleitet und begleitet.

Anwendungen des Tarot

»Zum Kartenlegen brauchst du Mut. Den Mut, die Karten als das zu sehen, was sie in dir auslösen« (Luisa Francia). Wichtiger als irgendeine bestimmte Form der Kartenauslage ist Deine Absicht, mit den Karten zu arbeiten. Wichtiger als irgendeine vorgegebene Deutung der Karten ist Deine Intuition: Deine Bereitschaft, die Bilder zu Dir sprechen zu lassen.

Nimm die Karten und atme tief durch. Überleg Dir, welche Frage Du an die Karten stellen oder über welche Situation Du Aufschluß gewinnen willst. Konzentriere Dich. Wenn Du über die Karten ohne bestimmte Frage meditieren oder fantasieren willst, dann konzentriere Dich darauf, hier und jetzt anwesend zu sein. Atme tief, mach Dich bereit. Misch die Karten, heb sie ab, wenn Du Lust hast, oder fühle mit der Hand über die grob aufgefächerten Karten — und leg aus.

Kleine Auslagen

Da ist zunächst die Möglichkeit, *eine* Karte zu ziehen. Das kann interessant sein, wenn Du kontinuierlich mit Tarot arbeitest und nicht jedesmal eine große Auslage willst. Die eine Karte ist dann etwas für zwischendurch. Es funktioniert z.B. gut, wenn Du Dir jeden Tag eine *Tageskarte* legst, die Du aufmerksam betrachtest und deren Botschaft Du mit durch den Tag nimmst. Plazier die Karte an einer sichtbaren Stelle, so daß Du Dich öfter daran erinnerst.

Für den häufigen Gebrauch wie für gelegentliche Nutzung haben sich Auslagen von zwei, drei oder vier Karten bewährt.

Bei drei Karten kannst Du nach diesem Schema verfahren:

$$\boxed{2} \quad \boxed{1} \quad \boxed{3}$$

1 — Hauptaussage/Die Kraft, die zur Wirkung kommt
2 und 3 — Aspekte, die Du berücksichtigen mußt

oder

1 — Aktuelle Situation
2 — Vergangenheit oder das, was schon da ist
3 — Zukunft oder das, was neu zu beachten ist

Vier Karten können nach folgendem Schema gelesen werden:

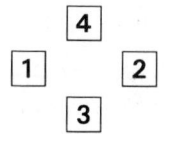

$$\begin{array}{ccc} & \boxed{4} & \\ \boxed{1} & & \boxed{2} \\ & \boxed{3} & \end{array}$$

1 und 2 — Hauptaussage
3 — Wurzel oder Basis
4 — Himmel oder Chancen

oder

1 — Einerseits/Der Aspekt, den Du schon kennst
2 — Andererseits/Die Kehrseite
3 — Was geändert werden muß
4 — Urteil, Perspektive

Fünf Karten kannst Du so auslegen:

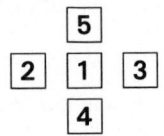

```
        [5]
    [2] [1] [3]
        [4]
```

1 — Schlüssel oder Hauptaspekt
2 — Vergangenheit oder das, was schon da ist
3 — Zukunft oder das, was neu zu beachten ist
4 — Wurzel oder Basis
5 — Himmel oder Chancen

oder

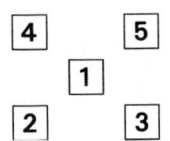

```
    [4]     [5]
        [1]
    [2]     [3]
```

1 — Momentane Situation
2 und 3 — Wo Du herkommst, einerseits/andererseits
4 und 5 — Wo Du hingehst, Gefahren/Chancen

Die kleinen Auslagen erfordern relativ wenig Zeit und sind dennoch wirkungsvoll. Sie eignen sich u.a. auch für Gruppen. Wenn Du bei Feiern oder in Gesellschaften anfängst, Karten auszulegen, sind bald mehrere Leute interessiert; große Auslagen sind da zu langwierig. Wichtig ist jedoch bei jedem Ziehen, und wenn es nur eine Karte ist, die erneute Konzentration auf Deine Frage bzw. auf Deine innere Verfassung.

Große Auslagen

Verschaff Dir bei den großen Auslagen immer erst einen Überblick über die 11 oder 13 Stationen, die auf Dich zukommen werden. Dann fang an, Dich zu entspannen, Deine Energie auf Deine Frage oder Absicht zu richten, atme, mische und los.

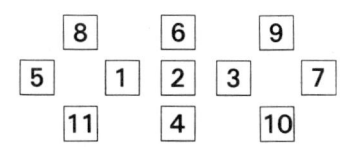

```
         8    6       9
   5   1  2  3    7
        11    4   10
```

1 — Signifikator, Thema der Frage, Du selbst
2 — Unmittelbare Ergänzung zu 1
3 — Gegensatz oder Ergänzung zu 1 oder zu 1 und 2
  (Die drei ersten Karten geben eine erste zentrale Antwort oder Mitteilung).
4 — Gegenwärtige Situation, Ausgangssituation der Frage
5 — Wurzel, Vergangenheit, Basis, woher die Frage stammt
6 — Unmittelbare Zukunft, nächste Aussichten
7 — Ausblick, weitere Entwicklung
  (Zwischenbilanz: Welche Antwort oder Mitteilung geben die ersten sieben Karten?)
8 — Deine innere Kraft, Deine Tiefe, das Unbewußte
9 — Hoffnungen und Ängste zum Thema der Frage
10 — Umgebung, Einflüsse von außen
11 — Resümee oder ein Faktor, auf den Du besonders aufmerksam gemacht wirst, der bereits vorhanden ist und der für Deine Frage besondere Bedeutung gewinnen wird

Die folgende Auslage nennt sich Keltisches oder Sonnenkreuz:

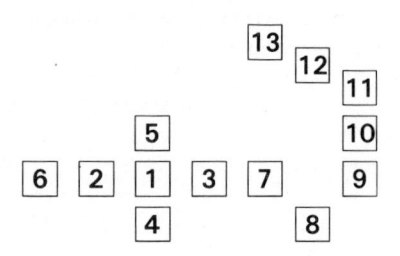

```
                    13
                       12
                          11
              5
                            10
        6  2  1  3  7     9
              4        8
```

1 — Signifikator, Thema der Frage, Du selbst
2 — Positive oder negative Ergänzung zu 1
3 — Dito
   (Die drei ersten Karten geben eine erste zentrale Antwort oder Mitteilung.)
4 — Wurzel, Basis
5 — Himmel oder Chancen
   (Die fünf ersten Karten geben einen ersten Gesamteindruck.)
6 — Vergangenheit oder das, was schon da ist
7 — Zukunft oder das, was neu zu beachten ist
   (Besinnung auf die Karten 1 — 7: Sie geben bereits eine abgerundete Antwort oder Mitteilung.)
8 — Zusammenfassung, Spiegel, Akzentuierung der Karten 1 — 7; Deine innere Kraft, Dein Unbewußtes
9 — Hoffnungen und Ängste
10 — Umgebung und Einflüsse von außen; Deine Rolle nach außen
   (Besinnung auf das bisherige Ergebnis)
11 — (sowie evtl. 12 und 13) — Resümee oder ein Faktor, auf den Du besonders aufmerksam gemacht wirst, der bereits vorhanden ist und der für Deine Frage besondere Bedeutung gewinnen wird.
   (Für das Resümee gibt es die Varianten mit 1 oder 3 Karten).

Tips zum Kartenlegen

- Gewöhnlich werden die Karten zunächst verdeckt ausgelegt und dann, während der Betrachtung, nach und nach umgedreht. Das ist sinnvoll, weil es die Konzentration pro Karte erhöht.
- Zum Schluß jeder Auslage kannst Du die Quersumme aller vor Dir liegenden Karten errechnen. (Hofkarten haben keinen Zahlenwert, Asse = 1.) Ist z.B. die Summe der Zahlen 27, so ist die Quersumme 2 + 7 = 9. Dann holst Du Dir die entsprechende große Karte vor (hier: IX-Der Eremit). Diese Karte ist eine Art Gegenprobe. Sie kann das Resümee der Auslage zusätzlich unterstreichen oder einen abschließenden Gesamteindruck vermitteln.
- Es gibt viele Varianten des Kartenlegens, aber auch viele unsinnige Vorschläge. Ob Du z.B. die Karten in der Hand mischst oder auf dem Tisch durcheinanderrührst, ist doch egal. Genauso, ob Du mit rechts oder links abhebst usw. — Daß Karten eine negative Bedeutung besitzen, wenn sie mit dem Kopf nach unten aufgedeckt werden, und sonst nur Positives aussagen, halten wir für eine starre, wirklichkeitsfremde Trennung von gut und schlecht. — Daß die »großen« Karten in der Regel ein größeres Gewicht haben als die »kleinen«, kann schon gelten. Aber die »kleinen« haben es auch in sich, und daß Du für den Signifikator nur eine große Karte akzeptieren sollst (solange ziehen, bis eine kommt, oder abbrechen), ist nichts als Schematismus. — Es kann jedoch sinnvoll sein, besonders wenn Du noch nicht lange oder nicht regelmäßig Karten legst, daß Du Dir Deinen eigenen kleinen Ritus für das Kartenziehen schaffst. Das erhöht die Konzentration und Deine Bereitschaft, Dich einzulassen.
- Du bekommst aus den Karten soviel heraus, wie Du hineingibst. Ohne eine bestimmte Aufmerksamkeit und Anwesenheit läuft gar nichts. Je mehr Energie Du einsetzt, desto ergiebiger für Dich. Achte auf eine gewisse Atmosphäre, wenn Du Karten liest.
- Gerade bei großen Auslagen ist es wichtig, daß Du sie als Gesamtbild auf Dich wirken läßt. Schau, ob eine bestimmte Farbreihe besonders vertreten ist, ob sich verwandte Bilder und Symbole zeigen. Nimm den Gesamteindruck mit hinein in Dein Tagesgeschehen.

Weitere Anwendungen

Bei der Anwendung der Karten sind der Fantasie keine Grenzen gesetzt. Zum Beispiel ist es eine interessante persönliche Botschaft, wenn Du einzelne Karten verschenkst, Briefen beilegst usw. Als weitere Anwendungsformen haben sich das assoziative Kartenlegen und das assoziative Heraussuchen bewährt. Bei ersterem zieht man, nachdem man sich auf eine Fragestellung konzentriert hat, 1 — 3 Karten. Deren Bilder werden betrachtet und ausgewertet, und die Ausgangsfrage wird eingeschränkt oder erweitert. Erneut werden 1 — 3 Karten gezogen, die entweder gemeinsam die Aussage der ersten Karten weiterführen, oder je eine neue Karte konkretisiert je eine Karte aus dem ersten Durchgang. Diesen Vorgang kannst Du so oft wiederholen, bis du eine befriedigende Antwort erreicht hast. Die Zahl der gezogenen Karten pro Durchgang kannst Du variieren. Zum Schluß bei Bedarf die Quersumme ziehen und wie immer den Gesamteindruck aufnehmen. Zur Einübung empfiehlt es sich, mit einer Karte pro Durchgang zu beginnen.

Beim assoziativen Heraussuchen werden mit Konzentration, aber nicht unbedingt mit einer bestimmten Frage, Karten aufgedeckt ausgesucht. D.h., Du wendest den Kartenstapel so, daß die Bilder nach oben liegen und gehst die Karten langsam durch. Die Bilder, die Dich spontan besonders ansprechen, legst Du heraus und gestaltest sie nach Gefühl zu einer Form vor Dir. Atme, nimm das Gesamtbild auf, laß die Karten sprechen. — Dasselbe Verfahren kannst Du in Gruppen praktizieren. Alle erzählen reihum von ihren Eindrücken bei den herausgesuchten Karten, oder jede/r sucht sich peu à peu Karten heraus und erfindet eine Geschichte dazu.

Deutungen des Tarot

- Die folgenden Deutungen beziehen sich auf das Crowley-Deck. Sie lassen sich jedoch auch auf andere Decks übertragen, da die Grundthemen der meisten Decks identisch sind.
- Die *kursiven* Einleitungssätze geben die jeder Karte zugeordneten Tierkreiszeichen und Planeten an. Die Deutungen selbst können auch unabhängig davon gelesen werden.

»Spielregeln«

- Maßgeblich ist das, was Du in der jeweiligen Karte siehst. Laß sie auf Dich einwirken! Die folgenden Deutungen sind Interpretationen auf unserem Erfahrungshintergrund. Es geht um *Deine* Wahrnehmung und Entscheidung.
- Es gibt keine an-sich-guten oder an-sich-schlechten Karten.
- Frauenfiguren auf den Karten gelten auch für Männer, Männerfiguren auch für Frauen, Kinderfiguren auch für Erwachsene.
- Entscheide, wen die jeweilige Kartenfigur für Dich darstellt. In der Regel bist Du es, die/den sie verkörpert. Die Karte kann aber auch für Menschen, Dinge oder Vorgänge in Deiner Umgebung stehen. Jedenfalls: bestimme Dein Verhältnis zu der/n Figur/en.
- »Positive« und »negative« Aspekte einer Karte schließen sich nicht gegenseitig aus. Was im Einzelfall positiv und negativ ist, ist ohnehin sehr wechselhaft.
- Jede Karte spricht für sich und bei jeder neuen Betrachtung auf andere Weise. Laß Dich auf ihre Botschaft ein.
- Entspann Dich. Atme tief. Konzentriere Dich auf Deine innere Fragestellung.

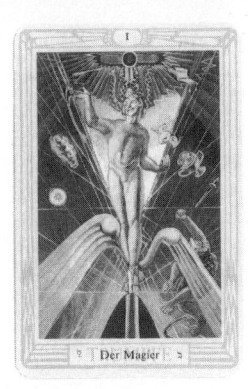

Hexe/Zauberer * Lebenskunst

Merkur, *in der Mythologie Mittler zwischen Göttern und Menschen, steht für angewandtes Wissen, für die Verbindung von Körper, Geist, Seele und Wille.*

Pentakel-Scheibe, Fackel, Kelch und Schwert symbolisieren Deine »magischen Werkzeuge«: Was fängst Du damit an, wie nutzt Du Deine Talente? Dir steht die Kraft aller vier Elemente zur Verfügung. Was kannst Du, was fehlt Dir, was möchtest Du gerne ausprobieren? Sag nicht vorschnell: Das kann ich nicht. Du bist der Möglichkeit nach mit universellen Gaben ausgestattet. Der Zauberstab ist Deine Bereitschaft, Dich und Deine Möglichkeiten in ihrem ganzen Spektrum zu erfahren.

Ein ganzheitliches Leben ist nicht nur Sache von wenigen Eingeweihten. Es ist Aufgabe für uns alle. Es zu realisieren ist das »Einfache, das schwer zu machen ist«. Es bedeutet, in Dir die Synthese zu schaffen von bewußt und unbewußt, von jung und alt, weiblich und männlich, stark und schwach etc. Ein Magier ist ein Mittler zwischen oben und unten. Das heißt: Deine Heimat ist das Reich zwischen Himmel und Erde; Du bist ausgestattet mit den Gaben des Universums. Je mehr Du von diesen Gaben Gebrauch machst und auf Deine Weise verwirklichst, desto mehr wird der Unterschied zwischen bloßem Überleben und einem entfalteten menschlichen Leben greifbar — für Dich und durch Dich auch für andere. Ob und wie Du Deine Werkzeuge und Talente benutzt, macht einen deutlichen Unterschied in der Welt aus.

Andererseits kann die Karte auch davor warnen, ständig Neues auszuprobieren und als »Wellenreiter« die Trends mitzumachen. Sie steht weiterhin für Scharlatanerie, ein halbherziges oder theatralisches Umgehen mit den Dingen sowie ein oberflächliches Halbwissen. Du gefällst Dir in der Pose des Eingeweihten, der alles im Griff hat. Laß die Schaueffekte. Letztlich ist immer Deine tatsächliche Lebenspraxis die Botschaft, die andere von Dir empfangen.

Buch des Lebens * Inneres Wissen

Der Mond *steht für Deine Empfindungen, Dein Unbewußtes und Deine innere Stimme.*

Die Hohepriesterin war einst die Eingeweihte, das Orakel, das um Rat und Hilfe ersucht wurde. Die Karte kann bedeuten, daß es gut wäre, Dir Rat für Deine Fragen zu holen. Grundsätzlich kannst und mußt Du Dir auch selber helfen. Du befindest Dich auf einem langen Weg, und es kommt darauf an, sowohl Deinen momentanen Bedürfnissen wie auch Deinen weitgefaßten Zielen eine Richtung zu weisen. Wenn Du wissen willst, ob und wie etwas stimmt, mußt Du Erfahrungen auswerten. Zieh Deine Praxis, die Lebenserfahrung anderer, Bücher usw. heran. Aber dann geh nach innen. Es ist wichtig, daß Du Dich mit der inneren Bedeutung Deines praktischen Tuns auseinandersetzt. Solange sie im Unbewußten verborgen ist, bist Du wie ein Wanderer ohne Weg und Ziel. Guck hinter den bunten Vorhang der Erscheinungen. Such Dir Deine Mittel, um Deine innere Stimme kennen — und immer besser verstehen zu lernen: Meditation, Träume, Tarot, Therapie, Tagebuch, Musik, Tanz, Alleinsein oder anderes. Die innere Stimme ist eine verläßliche Orientierung und knüpft ein weitreichendes Netz von Zusammenhängen und Orientierungen.

Vielleicht ist eine Zeit der Betrachtung und des Studiums angesagt. Setz Dich mit den Gegensätzen des Lebens auseinander. Lerne, auch Dir fremde menschliche Eigenschaften zu verstehen. Der Mond mit seinem ständigen Wandel weist Dich darauf hin, daß hell und dunkel begrenzte Phasen ein und derselben Sache sind.

Die Beschäftigung mit Sinn und Bedeutung kann allerdings auch zu einem Vorhang oder Schleier werden, der Dich vom Leben trennt. Es ist oft der Versuch, sich von Gut und Böse rein zu halten, sich den Gegensätzen des Lebens nicht zu unterwerfen. Aber geh durch Tag und Nacht, Schwarz und Weiß, und Du wirst leben *und* wissen.

Matriarchin * Lust am Leben

Venus steht für ein pulsierendes Leben voll Liebe, Sinnlichkeit und Erfüllung.

Die »weibliche« Kraft in Dir: erdverbunden, lustvoll, erotisch, fruchtbar, sicher, bestimmt und genießerisch. Deine Heimat ist die Natur, das Leben mit seinen Zyklen von Geburt, Wachsen und Tod. Du bist ein Teil davon. Es kommt darauf an, daß Du Dich auch bewußt so begreifst. Du findest dann zu Deiner Mitte, bist sicher und verwurzelt, kannst genießen und wachsen lassen.

Du kannst Dir jede künstliche Profilierung und überzogene Selbstbehauptung sparen. Komm zur Ruhe, spüre Deinen Atem und Deine Wärme. Hast Du heute schon gelebt? Laß Dich nicht von äußeren Pflichten und Zielen bestimmen. Erledige sie, aber achte auf Deine Verantwortung Dir selbst gegenüber und auf Dein Wohlergehen. Oft sind es Kleinigkeiten, die die tägliche Routine abwechslungsreich und schön gestalten können. Du mußt Deine schöpferische Kraft einsetzen. Tatsächlich ist das alles andere als eine Kleinigkeit. Es ist eine Frage des Lebensgenusses und der alltäglichen Erotik. Es geht darum, daß Du Dir nahe bist, Dir nichts vormachst und das Leben mit Liebe und Leidenschaft annimmst, erlebst und weitergibst.

Die Karte erinnert an die Matriarchinnen des frühen Altertums, die in einer mutterrechtlichen Gesellschaft mit starkem Gemeinschaftscharakter lebten. Sie ist ein Symbol für ein Leben, das unnatürliche Beschränkungen aufhebt und das von Gleichberechtigung, Wachstum, Komplexität, Innigkeit und Ganzheit geprägt ist. Insofern kann sie auch eine Aufforderung an Dich sein, Deine Bescheidenheit zu beenden.

Andererseits kann die Karte auch für Überheblichkeit und unkritische Selbstzufriedenheit stehen. Erdverbundenheit und Bodenständigkeit können auch zu Trägheit und Beschränktheit führen, wenn Du Deine sinnlichen und spirituellen Kräfte verkümmern läßt.

Power * Deine persönliche Macht

Widder ist mit sich identisch, dynamisch und tatkräftig. Mars *gibt reichlich Energie.*

Die »männliche« Kraft in Dir: energisch, willensstark, selbstsicher, feurig, kraftvoll und gewinnend. Macht kommt von machen — sie ist Dein Vermögen, etwas tat-sächlich zu bewirken. Sie ist eine Frage Deiner Bereitschaft, Dich zu engagieren und über Grenzen hinwegzugehen. Sag: Ich will! Trau Dich und handle! Wenn Du Deine Energie und Deinen Willen konzentrierst, kannst Du Berge versetzen. Du bist am unwiderstehlichsten, wenn Du aus Dir heraus handelst und weder halbe Sachen noch irgend etwas Aufgesetztes machst. Setz Deine persönliche Macht ein. »In jedem von uns steckt ein König. Sprich zu ihm, und er wird hervorkommen« (Skandin. Sprichwort).

Natürlich begegnest Du Hindernissen und Widerständen. Auch wenn es manchmal am einfachsten erscheint: hüte Dich, sie zu übergehen oder niederzumachen. Nimm sie als Herausforderung zur Auseinandersetzung. Du hast eigentlich keine Feinde, sondern da sind Leute, die Dir durch ihre Eigenart Deine empfindlichen Stellen deutlich zeigen. Wenn Du den Mut findest, solchen Schwächen und damit verbundenen Schmerzen und Ängsten nicht auszuweichen, dann hilft Dir auch das bei der Verwirklichung Deiner Ziele. Du wirst jedesmal auf Dich zurückverwiesen und erneut an den Punkt geführt, wo Du Deine Entschlossenheit bekräftigen mußt. Auf die Art wird Dein Wille effektiv in Dir verankert, und das gibt Dir »Power auf Dauer«.

Andererseits kann die Karte für Isolierung und verhärtete Verhältnisse stehen. Selbstherrlichkeit und Rücksichtslosigkeit führen ins Abseits. Du mußt lernen, demütig zu sein und zu akzeptieren, daß die Realität nicht nur nach Deinem Willen verläuft. Mit Blindwütigkeit und übertriebener Härte verletzt Du nicht nur andere. Du erschöpfst Dich, und Du raubst Dir die Möglichkeit zur Auseinandersetzung und damit die wichtigste Quelle Deiner persönlichen Macht.

Tempel * Lernen & Lehren

Stier *arbeitet, lernt und lehrt in der Praxis.*
Venus *macht daraus einen Genuß.*

Du hast etwas zu sagen, mitzuteilen. Du trägst einen einmaligen Schatz von Erlebnissen und Erkenntnissen in Dir, von dem andere profitieren können. Du kannst zwar niemanden überzeugen, daß sie/er sich ändern soll. Jede/r entscheidet aufgrund eigener Erfahrung. Sei (dennoch) großzügig und zeig Deine Schätze. Mit allem, was Du tust oder läßt, bist Du immer auch Orientierung und Bezugspunkt für andere. Jeder ist Lehrer für jeden.

Was einst die Aufgabe des Hohepriesters war, die Deutung und Verkündung der Lebensgeheimnisse sowie die Organisierung von Riten und Gebräuchen, dafür bist Du in Deinem Leben verantwortlich. Du brauchst die Erfahrung anderer, und andere brauchen Deine Mitteilung. Der Tempel der Begegnung ist überall. Überall findet gegenseitiges Lernen und Lehren statt. Es ist wichtig, daß Du Dich mit Vorbildern und Autoritäten auseinandersetzt, daß Du bereit bist zu lernen, ohne Dich dabei menschlich klein zu fühlen. Ebenso wichtig ist es, daß Du Deine Grundsätze entwickelst, Deine Auffassung von Gut und Richtig präsentierst und Dich konkret dafür einsetzt, ohne Dich dabei über andere zu stellen. Damit schaffst Du eine Situation von Austausch und Klarheit, in der persönliche Sicherheit, Zuverlässigkeit und Orientierungen wachsen können. Das gelingt umso mehr, wenn dieser Austausch sich nicht nur auf sachliche, sondern auf alle Bereiche der Persönlichkeit erstreckt.

Die Karte kann andererseits für eine blinde Gläubigkeit stehen, ebenso für Missionseifer und Bekennertum. Wenn Du andere bekehren willst, um den eigenen Glauben zu stärken, ist auch das ein Zeichen für mangelndes Selbstvertrauen. So oder so — wenn Du nicht wagst, Dir zu glauben, dann häufig deshalb, weil Du einen Teil von Dir als unbedeutend oder unreif verleugnest. Es hilft, wenn Du Deinen »kindischen« Bedürfnissen einen Platz in Deinem Alltag schaffst.

Liebesbeziehungen
Kraft der Erkenntnis

Zwilling erkennt sich in seiner Umwelt. Merkur sorgt für Kommunikation und Austausch.

Eine gute Karte für glückliche Lieben, erotische Freundschaften und erfüllende Begegnungen. Das gilt für Beziehungen zum anderen wie zum eigenen Geschlecht. Auch für die Beziehungen zu Kindern, alten Menschen und zu Gemeinschaften von mehreren. Du kannst mit anderen zusammen(er)leben, zum gegenseitigen Nutzen, ohne zu erdrücken oder erdrückt zu werden — wenn Du Beziehungen nicht als Ersatz oder Komplettierung Deiner Persönlichkeit suchst, d.h. wenn Du Dich selbst grundsätzlich als in Ordnung und vollständig ansiehst. Nicht erst durch die/den Partner/in bist Du stark und erreichst die Gipfel, wo Du »mit Engeln reden« kannst. Wenn Du die Erfüllung Deiner Wünsche und Leidenschaften von anderen erwartest, machst Du Dich abhängig und hinderst Dich zugleich, Dich auf tiefere, gleichberechtigte Beziehungen und Begegnungen einzulassen. Diese brauchst Du aber als Spiegel, um Dich rundherum erkennen und annehmen zu können.

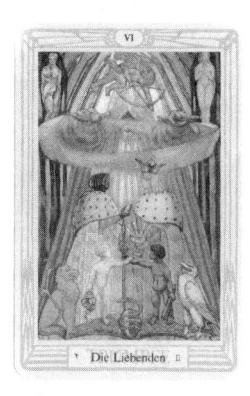

»Ein wunderbares Zusammenleben kann entstehen, wenn die Menschen es erreichen, den Abstand zwischen einander zu lieben, denn nur so können sie einander ganz betrachten und vor dem Hintergrund eines weiten Himmels« (Rainer Maria Rilke). Wenn Du durch Selbstaufopferung einen Berg von Schwierigkeiten, der zwischen Dir und der/m/n anderen liegt, überwinden willst, vergrößerst Du in Wirklichkeit die Distanz. Du behinderst Dich, den vorhandenen Abstand zu nehmen, wie er ist, und die gegebenen Möglichkeiten oder fälligen Entscheidungen produktiv anzugehen. Andererseits besteht die Gefahr, daß Du chronisch eine bestimmte Distanz wahrst, vielleicht um Dich vor Abhängigkeiten zu schützen. Durch übermäßige Selbstkontrolle hältst Du jedoch das eigentlich Erregende und Aufregende an Dir hinterm Berg.

Beweglichkeit * Gefühl & Härte

Krebs lebt mit dem Unbewußten. Mond *folgt den inneren Empfindungen und Eingebungen.*

Die Sphinxe bezeichnen die Polaritäten des Lebens, Werden und Vergehen, Freude und Trauer usw. Der erhöhte Krebs demonstriert die machtvolle Bedeutung der Gefühle. Der permanente Widerspruch zwischen allen möglichen Rätseln und Richtungen der Gefühle schafft und bewahrt jenes Zentrum (im Bild durch die rotierende Scheibe in der Bildmitte dargestellt), welches eine bewegliche und dennoch stabile innere Mitte bedeutet.

Du bist in eine bestimmte Lebensgeschichte gestellt, der Du Dich nicht entziehen kannst, die Dich wie ein Panzer schützt oder aber abschottet. Es ist das, was Du an Einstellungen, Erfahrungen und Erwartungen mitbringst und vor Dir hast. Dies alles stellt Deinen Weg auch unter diverse Rätsel, welche durch das ABRACADABRA (im Baldachin des Wagens) bezeichnet sind.

Der Wagen und sein Lenker bewegen sich und/oder finden zur Ruhe — aus innerer Kraft. Die Tiere vor dem Wagen tragen oder ziehen den Wagen nicht. Sie sind nur die Vor-Läufer der eigenständigen Entwicklung von Wagen und Wagenlenker. Bildlich und tatsächlich gilt hier: Du kannst Deine Lebensgeschichte gar nicht »in den Griff« bekommen; Du kannst nur eine richtige Einstellung zu Deinem »Karma«, zu Deinem Unbewußten finden. Dann trägt, kleidet und schützt es Dich, und es wird eine angenehme Lebensreise.

Die Karte kann auch innere Zerrissenheit oder ein »Roboter-Gefühl« anzeigen. Du willst Deinen Lebensweg durch Willensanstrengung oder Härte dirigieren, willst Widersprüche in Dir nicht wahrhaben. Es kann ein Gefühl des Ausgeliefertseins an Deine tieferen Empfindungen sein, das Dich hilflos und passiv macht. Du kannst aus Deiner seelischen Herkunft nicht aussteigen, aber Du kannst mit Bejahung und Kritik ein eigenes Verhältnis dazu finden. Es ist Deine Reise.

Urteilskraft * Entschiedenheit

Waage *kommt zu abgewogenen Urteilen.*
Venus *hat ein feines Gefühl für Personen
und Situationen.*

Es gibt kein absolutes Richtig und Falsch, wohl aber das, was Deine Sache ist. Du kannst und mußt selbständig analysieren und abwägen. Du brauchst eigene Bewertungsmaßstäbe, die in sich ausgeglichen sind und deren Angelpunkt in Dir liegt. Du weißt nicht nur am besten, was für Dich stimmt, Du kannst und mußt es auch ausdrücken, bewußt-machen und vertreten. In der Vielfalt der möglichen Erkenntnisse und Entscheidungen bist Du Deine höchste Instanz. Triff Deine Urteile und behaupte Deine Sache klar und konsequent.

Dabei ist es wichtig, daß Du Dir Deiner Wertmaßstäbe bewußt bist. Deine Entscheidungen und Normen gelten nur für Dich. Jede/r hat auf ihre/seine Weise recht. Und selbst in Positionen, die nach Deinen Kriterien falsch sind, stecken — oft verborgen und unerwartet — auch »richtige« Gesichtspunkte. Es erfordert ein ganzes Stück Flexibilität und Bereitschaft zur Selbstkritik, solche Gegenpositionen anzunehmen, sie auszuloten und Dich nicht erst dann überzeugen zu lassen, wenn es gar nicht anders geht. Du gewinnst dadurch an Einfühlungsvermögen und an Bewußtsein für die Vielschichtigkeit der Dinge. Das bereichert Deine Erkenntnis- und Entscheidungsgrundlage sehr und macht im Ergebnis Deine Sache klarer und stärker.

Andererseits kann die Karte für Unentschiedenheit und mangelnde Identität stehen. Du willst allen gerecht werden und verlierst dabei Deine Ziele, Deine Kontur, Deinen Biß. Du mußt lernen, die produktive Bedeutung von Kritik und auch von trennenden Entscheidungen zu sehen. Vertritt Deine Position auch gegen andere. Gib Deine Mühe auf, niemals Anlaß zur Kritik zu sein. Weiterhin kann die Karte vor übertriebener Strenge und Selbstgerechtigkeit warnen. Indem Du andere kategorisch aburteilst, begrenzt Du Dich auch selber.

Wachsein * Suchen & Finden

Jungfrau *findet Einklang mit ihrer Umgebung.*
Merkur *erfährt und weiß.*

Die Karte steht für die notwendigen Phasen des bewußten Alleinseins, des zweckfreien Umherschweifens, der Versenkung in eine praktische Arbeit, des Fastens, der Meditation usw. Zurückgezogenheit, Stille und Besinnung sind nicht nur etwas für schlechte Zeiten, wenn es gar nicht anders geht. Sie sind Mittel der Konzentration, der Selbsterfahrung und Beruhigung, die Du für Deine Entwicklung brauchst. Sie geben Dir Gelegenheit, Dir über Dich und Deine Umwelt klar zu werden und zu einem Ausgleich zu finden. Sie bewahren Dich davor, im Netz zahlreicher Rollen und Anforderungen hängenzubleiben. Sie können Dir Kraft, Gelassenheit sowie eine liebevolle Zuwendung zu anderen schenken.

Die Karte handelt auch von der bewußten Suche nach spiritueller Erfahrung, nach Aufgehobensein und Heimat. Oft bringen erst Lebenskrisen etwas von dieser tieferen Suche zum Vorschein. Die Karte kann Dich fragen, wie Du es mit Einkehr und Besinnung hältst, was das Thema der Suche für Dich bedeutet.

Ferner: Suchen und Finden ist nicht unbedingt dasselbe. Achte darauf, daß Du ankommst. Vergiß das Finden nicht. Fang bei Dir an. In vielen Fällen gilt das Wort von Franz v. Assisi: »Was Du suchst, ist das, was sucht.« D.h. Du suchst Dein Selbst. Nimm Dir freien Raum und freie Zeit. Konzentriere Dich auf Dich und spüre Deine Energie, Deine Bewegungen, Deinen Atem, Deine Gedanken. Achte (auf) Dich. Prüfe Deine Impulse und Absichten kritisch — und trau ihnen. Sie sind das Licht, das Dir den Weg zeigt.

Andererseits kann auch gelten: Treib nicht nur Nabelschau. Sei wach für alles Neue, das auf Dich zukommt. Oder: Übertreib Deine Autonomie nicht. Du brauchst auch die Auseinandersetzung mit anderen, und die brauchen Dich. Laß Dein Licht in die Welt ausstrahlen.

Kreis des Lebens
Rätsel der Sphinx

Jupiter *steht für Glück durch Wissen, Erweiterung des Bewußtseins und Rückbindung an den Ursprung des persönlichen Wollens.*

Deine Erfahrungen fließen zu Deinem eigenen Weltbild zusammen. Du machst Dir Deinen Reim auf die Rätsel des Lebens. Mit Deiner erfahrenen Weisheit lebst und schöpfst Du Deine persönliche Welt. Du bewahrst Dir die Fähigkeit, die Welt weiter zu entdecken, Dich zu wundern und zu staunen. Auch wenn sich alles dreht und Deine bisherigen Erfahrungen sich umkehren: Du kennst Deine Geschichte und Deinen Zusammenhang, wie die Sphinx auf dem Rad. »Ich lebe auf dem Kamm einer Welle. Verletzlich mit all meinen Unsicherheiten — wie hältst Du Dich an einem Fluß fest. Unverwüstlich und stark mit meinem Gefühl, daß ich nur in dieser Richtung weiter kann« (Anja Meulenbelt).

Vom Glück, ein eigenes Schicksal zu besitzen: Es ist die Macht des Herzens und des Feuers, welche Dir Kraft gibt, die Pfeile fliegen und die Funken sprühen zu lassen, Deinen Lebens-Bogen wieder und wieder zu spannen. Je mehr Du die Kunst erlernst, mit Widersprüchen kreativ umzugehen, umso mehr verstehst Du es, Geschehnisse so zu nehmen, wie sie sind, und dem persönlichen Willen zum Erfolg zu verhelfen. Das Glück besteht dabei u.a. darin, die eigenen Wünsche und die vorhandenen Energien der anderen zu einem größeren Ganzen zu verbinden. Auf eine schicksalhafte Art sind die beiden Fähigkeiten, die Dinge des Lebens ohne Scheuklappen zu betrachten sowie das zu befolgen, was Du wirklich willst, miteinander verflochten.

Dabei kann die Karte auch bedeuten, daß Du Dich in Deiner Suche nach dem großen Zusammenhang der Erscheinungen selbst aus dem Blick verloren hast — oder daß Du die Urteile anderer übernimmst und Dich selbst zurückstellst. »He, Du im Nirgendwo, die Welt steht Dir zu Diensten« (Beatles, Nowhere Man). Dann mußt Du Dir ins Auge schauen und herausfinden, was Dich selber bewegt.

Wille zu sich selbst

Löwe aalt sich lustvoll und majestätisch in der Sonne. Sonne läßt die Herzen glühen.

Leb mit dem Löwen in Dir! Du brauchst dieses aufregende Kribbeln und Im-Mittelpunkt-leben. Wenn Du mit Deinem Löwen auf Du und Du bist, traust Du Dir im Leben viel zu. Du gehst mit Energie an Probleme heran und schaffst Dir, was Du brauchst. Den Löwen in Dir zu bändigen und zu fordern, heißt, zu zeigen, was Du kannst, und mit Deiner Lebensenergie nicht auf Sparflamme zu kochen. Wenn Du Dich dem Spiel der Kräfte hingeben und sagen kannst: »Ja, das ist mein Spiel«, verkörperst Du die kraftvolle Freude, die jemand hat, der sein Metier kennt und genießt.

Als Bild für die persönliche, »genitale« Sexualität symbolisiert die Karte den Selbstzweck der Sexualität. Das bedeutet, die Sexualität hat ihre Zwecke in sich, ihre eigenen Werte (wie Kraft, Lust und Stärke); und zugleich ist ein Zweck der Sexualität die Herausbildung des Selbst.

Der sexuelle Höhepunkt ist auch ein Gleichnis, ein Beispiel dafür, wie wir — in jedem Bereich des Lebens — alle persönliche Kraft und Lust versammeln, im Brennpunkt des jeweiligen Augenblicks konzentrieren und einsetzen können. Und nichts anderes bedeutet der Begriff des Selbst, als im Moment als ganzer Mensch anwesend zu sein. Der Wille zu sich selbst ist der Wegbereiter dieser aktivierten und begeisternden Ganzheit.

Die Karte kann andererseits Egozentrik und Verstrickung in einen Kampf mit Dir selbst anzeigen. Vielleicht fürchtest Du, wenn Du Deinen Bedürfnissen nachgibst, von Deinen ungestillten Wünschen förmlich aufgefressen zu werden. Indem Du versuchst, sie im Zaum zu halten, werden diese Wünsche nur noch mächtiger. Gib Deinen Gefühlen mehr Raum. Zieh Dich im entscheidenden Moment nicht zurück, sondern greif zu.

Umkehrung * Heilung

Neptun *steht für stark gesteigerte Wahrnehmung und Empfindung.*

Du siehst die Welt mit neuen Augen. Auch das Gegenteil Deiner bisherigen oder der üblichen Sicht ist wahr. Du erfährst eine neue Dimension, die auf den ersten Blick ver-rückt erscheint. Es ist ein Prozeß des Ganz- oder Heilwerdens. »Der Gehängte« besitzt einen durchaus üblichen, einen klaren und eindeutigen Standpunkt; nur daß sein Bezugspunkt halt nicht auf der Erde, nicht irdisch definiert ist. Sein »Standpunkt« ist die himmlische, transzendente Perspektive. Sein Glaube trägt ihn. Sein Glaube bindet und verpflichtet ihn. Sein Glaube entspannt ihn und schenkt ihm Vertrauen und Gelassenheit.

Du spürst Dich auf neue Art. Es ist eine intensivere, gesteigerte Bewußtheit, und Du blickst in eine alternative, umfassende Wirklichkeit. Eine solche Umwertung der Werte kann sich (scheinbar) ungewollt ereignen. Sie kann das plötzliche Resultat eines langen Prozesses sein. Darin kann auch die positive Funktion eines Schmerzes oder einer Krankheit liegen. Laß es geschehen. Wehr Dich nicht. Es ist »verkehrt«, aber es hat seine Bedeutung. Es kann aber auch angesagt sein, daß Du willentlich, wie Eulenspiegel, Gewohntes in sein Gegenteil umkehrst, um eine erhöhte Aufmerksamkeit, den Blick ins Absurde oder eine neue Klarheit freizulegen. Im übrigen befindet sich der Kopf hier an unterster Stelle, der Bauch darüber. Das kann ein Hinweis darauf sein, daß es gut ist, wenn der Kopf ein Diener des ganzen Menschen ist und wenn der Bauch einmal das Sagen hat. Das kann eine andere Art von Weisheit sein, die Du nur erlangst, wenn Du Dich auslieferst.

Andererseits kann die Karte auch für die Verklärung von Leid stehen. Auch für unangemessene Verzweiflung an oder Wichtigtuerei mit dem eigenen Leid. Spiel nicht den Märtyrer.

Zerstörung * Reinigung

Skorpion *sticht, prüft und duldet nur, was echt ist.* Pluto *steht für die Erfahrung der Extreme.*

Du zerstörst, was überlebt ist, und reinigst Dich von Altem, Überholtem. Du spürst Deinen Stachel und erfährst, Daß Du den extremen Höhen und Tiefen nicht ausweichen kannst und vielleicht auch nicht willst. Wenn Du durch den Prozeß von Zerstörung und Reinigung hindurchgehst, schaffst Du Platz für neue Möglichkeiten, für einen neuen Sonnenaufgang.

Du kannst tot sein, lange bevor Du stirbst. Und Du kannst leben, lange nachdem Du gestorben bist. So oder so bedeutet der Tod nicht Nichts. Er bedeutet die Zerstörung von Unechtem, die Aufhebung von Überaltertem. Er ist Teil aller Wandlungsprozesse, Voraussetzung von Echtheit und Gründlichkeit. »Und solang du das nicht hast,/Dieses: Stirb und werde!/Bist du nur ein trüber Gast/Auf der dunklen Erde.« (J.W. v. Goethe). Du erfährst eine Reinigung und Klärung Deiner Wünsche und Ängste. Du gewinnst eine neue Bereitschaft und eine abgeklärte Offenheit.

Die Karte kann auch bedeuten, daß Du Dich von Gewalt und Zerstörung übermäßig fasziniert oder bedroht fühlst. Auf der einen Seite ist es wichtig, daß Du Dich selbst behauptest und Deine aggressiven Impulse auslebst. Sie werden erst dann gefährlich, wenn Du sie ganz zu leugnen versuchst. Hör auf, Dich selbst zu quälen. Andererseits schadest Du mit brutaler Härte anderen — und Dir selbst. Du mußt lernen, Deine Kraft und Gewalt nicht gegen andere, sondern für Dich einzusetzen, damit Du einen Platz findest, wo für Dich die Sonne scheint.

Der Schnitter will auch ernten! Er zerstört nicht nur. Er will schließlich Früchte nach Hause tragen. Und der Schnitter sind auch wir selbst. Wir sind nicht nur der fallende Halm oder das flatternde Blatt im Herbstwind. Es gibt etwas zu erledigen in diesem Leben.

Umwandlung * Erneuerung

Schütze *geht aufs Ganze.* Jupiter *steht für Bildung und Bewußtseinserweiterung.*

Da stehst Du — gleichsam am Mischpult, am Schmelztiegel Deiner persönlichen Welt. Der lateinische Spruch »Visita Interiora Terrae Rectificando Invenies Occultum Lapidem« besagt: »Suche die inneren Bereiche der Erde auf; wenn du es richtig machst (in gerader Richtung, in richtiger Absicht handelst), wirst du den verborgenen Stein finden«. Der verborgene Stein ist der berühmte Stein der Weisen, jenes Herzstück, welches die Alchemisten zu entdecken suchten. Nun — der Stein der Weisheit ist die Weisheit des Steins. In der Erde ist Feuer; davon kündet jeder Stein, wenn wir ihn als »harte« Form begreifen, in der es dennoch lebt. Was heute Teil der Allgemeinbildung ist — daß jede feste Masse unter gewissen Voraussetzungen ein gleichwertiger Ausdruck für bestimmte Energiemengen oder Energiemuster darstellt —, war für die Alchemisten vor einigen hundert Jahren der springende Punkt, den sie erahnten: Die Verwandlung von »grobstofflicher« in »feinstoffliche« Materie und umgekehrt.

All dies heißt für uns Heutige, das bewußte Ich und das unbewußte Selbst zu einem Ganzen zu integrieren. Das innere Feuer eines Menschen soll sich auch nach außen ausdrücken können, und das äußere Tun soll dem inneren Feuer Genüge schaffen. Wenn Ich und Selbst zueinanderfinden, wird der »wahre Wille« eines Menschen deutlich. Und der wahre Wille ist nach traditioneller Auffassung eine weitere Bedeutung des »verborgenen Steins«.

Andererseits steht die Karte für Rastlosigkeit und eine mangelnde Aufarbeitung Deiner Erfahrungen. Hinter stets neuen Zielen verbirgt sich eine tiefere Ziellosigkeit. Die Suche nach immer neuen Leistungen oder Errungenschaften hält Dich davon ab, Dich inklusive Deiner Unvollkommenheit anzunehmen und erwachsen zu werden.

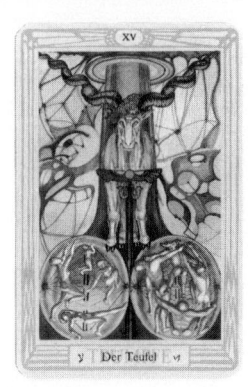

Untier * Kellerkind

Steinbock kennt die ungeschminkte Wirklichkeit. Saturn steht für die Konzentration und die Beschränkung auf das Wesentliche.

»Der Teufel« stellt ein Stück ungestaltete oder unbekannte Natur dar, welche je nach Betrachtung seltsam und unmöglich, fürchterlich oder lächerlich wirken kann. Der große Vorteil, den dieses Bild bedeutet, besteht darin, daß Schattenanteile soweit hervortreten, daß sie zu erkennen sind. Im Schatten sind verdrängte Erfahrungen enthalten sowie ungeborene Seiten des Menschseins, die noch nicht gelebt worden sind. Der Schatten ist zunächst unsichtbar. In dem Moment, wo wir unsere Schattenseiten sehen, können wir lernen, sie zu unterscheiden. Der »Teufel« ist auf der einen Seite eine Art Vampir, ein Teil der eigenen Natur, der das Leben schwer macht und uns matt setzt. Auf der anderen Seite verkörpert der »Teufel« eine Art Kellerkind, einen Teil der eigenen Natur, der das Leben bereichert und aufbaut, den wir aber bisher mißachtet oder gar mißhandelt haben.

Den Vampir sollten wir kennenlernen, um ihn loswerden zu können. Mit dem Kellerkind aber sollten wir Bekanntschaft schließen, um es nach Hause zu holen. Wir können und sollen einen Lichttest vornehmen, Sonne ins Dunkle lassen: Der Vampir zerfällt zu Staub, und das Kellerkind gewinnt Form und Farbe.

Kein Jenseits oder Später belohnt Verzicht, oder Raubbau an Dir und Deiner Natur. Hör auf, »irdische Begierden« und die Gestaltung der materiellen Verhältnisse zu verteufeln. Nimm die Welt mit Kreativität und Leidenschaft in Besitz. Wie Du Deine Welt gestaltest, das schafft Fakten, die haften bleiben. Die Spuren Deines Lebens graben sich in die Materie ein und wirken fort. Nichts ist folgenlos, nichts geht verloren. — Die Karte kann auch bedeuten, daß Du versuchst, andere an Dich zu binden, indem Du Dich unzugänglich, fremd und auf problematische Weise interessant machst. Komm von Deinem Sockel. Gib anderen den Schlüssel zu Dir. Du bist auch dann interessant.

Erschütterung * Befreiung

Mars *setzt große Energie frei.*

Du erlebst Erschütterungen und große Veränderungen. Harte Zeiten, möglicherweise aber auch beflügelnde neue Perspektiven. »Der Ausverkauf von Göttern steht an, wenn Du Dich für Dich entschieden hast« (Ina Deter). Der Prozeß kann sehr schmerzhaft sein, aber da mußt Du jetzt durch. Du hattest Isolierung oder Versteinerung auf eine einsame Spitze getrieben. Die Veränderung ist gewaltig. »Sieben Höllen/durchwandern/Der Himmel sieht/es gern/Geh sagt er/du hast nichts/zu verlieren« (Rose Ausländer).

Mach Dich bereit, Dich auf unbequeme Widersprüche einzulassen. Versuche, es als ein Experiment zu nehmen, dem Du mit Vertrauen, Zuversicht und der Bereitschaft, zu überraschen und überrascht zu werden, folgst. Mach die Augen auf. So entsetzlich die Situation jetzt vielleicht ist, Dein Aufenthalt auf dem Turm vorher war auch keine befriedigende Lösung. In der Erschütterung liegt die Chance der Befreiung von überlebten Verhältnissen, von altem Ballast, die Chance zu einem neuen Anfang. Große Energie wird freigesetzt, wenn Du zu dem vorstößt, was Du eigentlich willst. Das Erschreckende kann gerade sein, daß Du mit Deiner ganzen Energie in Berührung kommst: Du siehst, was in Dir steckt, und daß Du keinerlei künstlichen Sockel benötigst. Laß Dich fallen. Flieg!

Andererseits kann die Karte auch Überheblichkeit und Größenwahn anzeigen. Deine Vorstellung, durch Deinen Willen alles in den Griff zu bekommen, führt zu schweren Erschütterungen. Dein Versuch, durch einen äußeren Rahmen oder besondere Vorkehrungen Sicherheit zu schaffen, verkehrt sich ins Gegenteil. Oder es kann auch darum gehen, daß Du Dich bei Veränderungen zu sehr erschüttern läßt. Aus mangelndem inneren Rückhalt gibst Du eine vorhandene Position Hals über Kopf auf.

Klarheit * Glanz

Wassermann *findet sich in den großen Zusammenhängen*. Uranus *ist frei, unkonventionell und scharfsichtig.*

»Jedes Leben steht unter seinem eigenen Stern.« (Hermann Hesse). Wenn Du dem Deinen folgst, findest Du Dich am richtigen Platz, und Du hörst auf zu suchen. Wenn Du Deine Träume wirklich anpackst, dann kann das, was vorher Dein Mangel war, Deine Sehnsucht oder bloß ein Schimmern in der Nacht, den Tag bestimmen und Dein Leben hell und strahlend machen. Deinem Stern folgen, das heißt: klar sein und Deinen Traum verwirklichen wollen. Du darfst Dich nicht mit Redensarten wie »Greif nicht nach den Sternen« abspeisen lassen. Du mußt scharfsinnig sein, damit Du die Geschehnisse im Zusammenhang beurteilen und Deine Bahn erkennen kannst. Und Du brauchst den Mut zur Unkonventionalität, um die gewohnten Bahnen zu verlassen, wenn Deine Sehnsucht Dich zu neuen Ufern führen will.

Dann kommst Du an diesen Punkt, wo Du Dich auf einmal unverdeckt zur Gänze siehst — und alles glänzt und funkelt. Du findest die wirklichen Schätze Deines Lebens in Dir. Die bisherigen Gegensätze, Widersprüche und Verrücktheiten Deines Lebens zeigen sich in einer neuen Dimension als klar, logisch, befreiend und glänzend. Du schöpfst aus dem Vollen und befruchtest Deine Umgebung.

Die Karte kann auf der anderen Seite davor warnen, daß Du in entrückter Verträumtheit nicht »an Land« kommst. Wer vom Glück immer nur träumt, muß sehen, daß er es nicht verpaßt. Die Karte kann ferner Selbstbezogenheit bis hin zu übersteigerter Selbstliebe bedeuten. Du willst »der Star« sein und siehst vor lauter eigenem Funkeln die anderen um Dich herum nicht mehr. Stell Dein Licht nicht unter den Scheffel, aber vergiß auch nicht, daß Du nur Teil einer viel größeren Milchstraße bist.

Erlösung * Aufgehobensein

Fische *leben im Reich der Intuition und des Spirituellen.* Neptun *steht für stark gesteigerte Wahrnehmung und Empfindung.*

»Der Mond« rückt Herkunft und Zukunft des persönlichen Lebensweges ins Bild. Er ruft Deine verborgenen Regungen ans Licht, sogar »uralte« Instinkte und taufrische Wünsche. Das kann verwirrend und beängstigend sein. Aber sei froh, wenn Du Deine innersten Triebkräfte zu Gesicht bekommst. Im Verborgenen führen diese Kräfte ihr Eigenleben — für und gegen Dich. Gib Deinen Nachtseiten Raum, ohne Dich ihnen auszuliefern. Du brauchst ihre Vitalität für Deinen Weg. Lerne diese »Fremden in der Nacht« näher kennen. Gewöhne Dich an sie und sie an Dich. Die Verheißung der Karte ist die Erlösung des vormals Verdrängten. Deine Tiefen wie Deine Höhen nehmen Gestalt an und werden damit in Deinem Alltag aufgehoben.

Du kannst Deine Quellen und Deine Bestimmungen nun erkennen (s. die Spitzen der Lebens-Kurven im Bild) und mußt Dich mit ihnen auseinandersetzen.

Wenn Du es lernst, Deine gewohnte Selbst-Verständlichkeit um das bewußte Verständnis des persönlichen Lebenswegs im kosmischen Zusammenhang zu bereichern, dann wird Deine Existenz zugleich verwandelt und vergoldet, so — wie im Bild der Skarabäus eine Sonne bringt und wie ebenda die beiden Anubis (die zwei Menschengestalten mit Hunds- oder Schakalskopf) aus der ägyptischen Mythologie Seelenführer auf dem Weg zu einem neuen Leben bedeuten.

Andererseits kann die Karte vor großer Selbstverlorenheit warnen. Anstatt überhaupt persönlich auf der Bildfläche zu erscheinen, tauchst Du entweder weg oder heulst den Mond an, stehst versteinert da oder löst Dich in Wohlgefallen auf. Aber Deine starken Empfindungen sind eine Realität, die gelebt sein will wie alle anderen auch. Nimm Deine Ängste und Deine Wünsche ernster. Fang an, bewußt auch Deine Forderungen zu stellen und ihnen einen Weg zu bahnen.

Hingabe * Begeisterung

Sonne *steht für intensive Energie, Wärme und Lebenskraft.*

Du bist weise und kindlich zugleich, in dem Stadium, wo Du weißt, was Du nicht weißt und nicht beweisen kannst. Das Gewollte beinhaltet genausoviele Möglichkeiten wie das Ungewollte, das Unvorhergesehene wie das Erwartete. »Die Hauptsach' ist,/das Herz ist gut,/und darauf kommt/es an« (Kölsches Karnevalslied, hochdeutsch). Du bist wieder Kind. Was Dir geblieben ist oder was Du gewonnen hast, ist eine offene Hingabe an die Welt. Sie gibt Dir unbändige Kraft zusammen mit einer spielerischen Freude am Dasein. Du lebst im Moment, lustvoll und sicher wie Hans im Glück, selber ein Glück für Deine Umgebung. Du hast ein großes Herz und einen vertrauensvollen Optimismus. Sie sind nicht »eitel Sonnenschein«, sondern Verarbeitung Deiner Erfahrung. Sie sind Ergebnis einer gewollten und bewußten Hingabe an das Leben, in Demut und Leidenschaft, im Wissen um Deinen Platz und Deinen Weg. »Der Weg nach Hause ist der Weg vorwärts, der tiefer ins Leben hineinführt« (Colin Wilson).

Auf der anderen Seite kann sich hier zeigen, daß du Dich klein und harmlos machst. Du hast Dir die Begeisterung und den Optimismus Deiner Kindheit bewahrt. Aber Dein sonniges Gemüt kann auch zur Pose werden. Du hältst Dir damit notwendige Auseinandersetzungen und Widersprüche fern. Du vermeidest es, einen eigenen, ausgereiften Standpunkt zu vertreten und Verantwortung zu übernehmen. Oder die Karte fragt Dich, ob Du das Kind in Dir leugnest oder als klein und närrisch abstempelst. Damit blockierst Du Dich und raubst Dir Lebenslust und Lebendigkeit.

Wiedergeburt * Verzeihung

Pluto steht für Wandlung und Erneuerung.

Das traditionelle Bild der Karte XX erinnert an die christliche Botschaft des Jüngsten Gerichts. Das Crowley-Bild stellt äußerlich eine Abkehr vom üblichen Bildmotiv dar. Der Titel »Äon« bedeutet soviel wie »(Neues) Zeitalter« oder »(Neue) Zeitrechnung«. Inhaltlich hält sich jedoch das Crowley-Bild an die überlieferte Bedeutung der Karte. Es stellt einen Geburtsvorgang dar, und macht somit ebenfalls Offenbarung, Transformation und Auferstehung zum Thema.

Vor einem weiten Horizont betrachtet sind wir alle gleich. Wenn Du es lernst, Dir selbst und anderen immer wieder zu verzeihen, dann lösen sich alte Spannungen, und neue Möglichkeiten tun sich auf. Der »Jüngste Tag« ist heute. Jeder Tag ist Abschied und Neuanfang. Wenn Du jeden Tag als Geschenk nehmen kannst, schöpfst Du täglich neues Vertrauen und neue Bereitschaft für Dein Leben. Es werden Dich immer Verlangen und Ängste begleiten, aber Du kannst lernen, mit ihnen umzugehen. Der Schatten, der Druck, die Enge lösen und öffnen sich. Du wirst offen für das farbenprächtige Schauspiel des Lebens, das Dich zum Mitmachen ruft.

Die Karte kann Dich auch auffordern, Dich erneut mit Menschen und Ereignissen auseinanderzusetzen, die scheinbar für Dich schon »gestorben« waren. Was Du irgendwann in eine dunkle Kiste weggepackt hast, kommt wieder zum Vorschein und zeigt sich vielleicht in einem neuen Licht. Du mußt den Teil der Auseinandersetzung, der noch aussteht, nachholen. Damit schaffst Du die Voraussetzung für einen radikalen Neuanfang, der Dich von Ballast befreit. Andererseits kann die Karte auch bedeuten, daß Du von Deinen dunklen Stunden Abschied nehmen sollst. Begrab Dich nicht in alten Fehlern, Selbstvorwürfen oder übertriebenen Schuldgefühlen. Was war, ist vorbei. Sei Dir gnädig und gib Dir eine Chance.

Tanz des Lebens

Die Erde *steht hier für den Mittelpunkt des Geschehens.* Saturn *steht für Deine ureigene Lebensweisheit.*

Das Universum ist auch für Dich gemacht. Du befindest Dich mittendrin, zwischen den »Ecken und Enden« der Welt, dargestellt von ihren vier Grundelementen Feuer, Wasser, Luft und Erde. Es kommt hier nicht mehr nur auf die Umwandlung oder Synthese einzelner Gegensätze an, sondern auf die Verbindung aller vier Elemente, d.h. auf die Verbindungen aller möglichen Gegensätze.

Wie Du die Welt lebst, so ist sie auch für Dich. Nutze Deine Zeit. Du brauchst Konzentration, Ausdauer und innere Festigkeit. Dein Spielraum ist in sich unbestimmt und offen. Zugleich wird er von der Materie begrenzt, die Dir Deine Zeit setzt und irgendwann Deinen Totenkranz bereithält. Konzentriere Dich auf das, was für Dich wesentlich ist. Füll den Rahmen, den Dir das Leben gibt, in eigenem Auftrag und in eigener Verantwortung, dann steht Dir die Welt offen. Dreh Dich und tanze und wende Dich all ihren Seiten zu. Zieh Deine Bahn und verbinde die unterschiedlichsten Erfahrungen auf Deine Weise. Fühl Deinen inneren Rhythmus. Bleib in Bewegung. Halte Dein Tempo Schritt für Schritt. Der Siegerkranz verspricht Dir gutes Gelingen und Lohn für Mühen und Anstrengungen.

Die Karte kann auch bedeuten, daß Du Dich zu sehr in den Mittelpunkt stellst, d.h. daß Du von Deiner Person zuviel Aufhebens machst. Was Du in Dir siehst, sind nur Spiegelungen der Welt. Jedes Individuum, Deine Geschichte ebenso wie die Schicksale vor und nach Dir, sind Glieder einer Kette von Wandlungen und Evolutionen. Sie sind auch vom Zufall geprägt. Tanze — wie Alexis Sorbas es konnte, der in guten Tagen tanzte und der, als seine Idee scheiterte, ausrief: »Hast Du schon einmal etwas so schön zusammenbrechen sehen?!« und dann ... tanzte!

Offenheit * Lebenskunst

Uranus steht für Unkonventionalität und Freiheit. Neptun steht für Intuition und Fantasie.

Pan heißt im Altgriechischen »alles« und bedeutet auch »das Alles, das All«. Beim »Narren« geht es darum, aus allem, was zu einer oder zu einem gehört, eine runde Sache zu machen. Dafür steht die Null im Bild des Narren: Sie ist ein Kreis, Zeichen der persönlichen Ganzheit, der Integrität. Sie enthält eine Offenheit, einen Mut zur Zukunft, auch da, wo diese unbekannt bleiben muß. Andererseits ist die Null eine Warnung: Ausdruck einer leeren Identität, einer Null-Lösung in den Fragen des Lebens nach der Devise: »Außer Spesen nichts gewesen.«

Als Narr bist Du frei für Experimente und frei, daraus zu lernen. Du bist frei, Antworten nicht zu kennen oder Deine Position zu wechseln. Wenn Du das übertreibst, kann das zu Unverbindlichkeit und Beliebigkeit verkümmern. Es kann aber auch die Bereitschaft bedeuten, so zu sein wie Du bist und allein Dir verantwortlich zu sein, Deiner Originalität und der Welt zu vertrauen.

Der Mut zur Zukunft bedeutet Mut zum eigenen Weg. Je ungewohnter der selbständige Weg ist, um so mehr kommt Panik auf, falls dieser doch vonnöten wird. Pan-ik ist alles auf einmal. Je mehr Spiel-Raum der »Narr« bekommt, je geübter er ist, umso mehr gewöhnst Du Dich daran, Dich ganz zu akzeptieren: Alles, was Du weißt und kennst, bekommt einen Stellenwert in Deinem Leben — alles zu seiner Zeit.

Andererseits kann die Karte auch vor Wahnvorstellungen und Naivität, vor Koketterie oder innerer Abwesenheit warnen. Ob übersteigerte Selbstbezogenheit oder umgekehrt Selbstvergessenheit, gemeinsam ist ihnen ein Gefühl der Verlorenheit und Fremdheit in der Welt. Schenke jemandem Deine Liebe und laß andere an Dich heran. Du mußt zu Deinen Wurzeln zurück und da eine Aufgabe finden.

Stäbe

Stäbe vertreten das Element Feuer. Sie stehen für Wille, Lebensenergie, Daseinsfreude und Selbstbehauptung, für Kreativität, Schaffenskraft und Wachstum. Die Welt der Stäbe ist die Welt der Entschlüsse und Taten, des Engagements, der Verwirklichung und der Macht. Stäbe handeln von Unternehmungen und Auftritten, von Identität, Selbstvertrauen, Intuition, Begeisterung und Erfolg.

Bei den Stäben geht es um Aufgaben, in die Du Deine Lebenslust und Schaffenskraft einbringst: sei es auf der Arbeit, in Freundschafts- oder Verwandtschaftsbeziehungen, in Initiativen, Vereinen oder wo auch immer. Ob Du ein unerwartetes Geschenk machst oder ein Betriebs- oder Straßenfest vorbereitest, ob Du künstlerisch tätig wirst oder ein Hobby neu entdeckst: Immer handelt es sich darum, Farbe in den Alltag zu bringen, um die Lust am Ausprobieren und darum, Deinen eigenen spezifischen Beitrag zu leisten. Die Stäbe sind Deine feurigen Lebensgeister. Mit ihnen hast Du quasi Dein Naturtalent zu persönlicher Einflußnahme, zu kreativer Alltagsgestaltung und dynamischer Selbstbehauptung zur Hand.

Wesentliche Stärken, die das Feuer Dir geben kann, sind Direktheit und Identität. Sie bringen allerdings die Gefahr mit sich, daß es dir schwerfallen kann, überhaupt Widersprüche auszuhalten und Grenzen zu akzeptieren. Das kann z.B. zu ständiger Hetze und zu selbstgeschaffenem Leistungsdruck führen und kann sich bis zur rücksichtslosen Machtpolitik oder auch zu dem Versuch steigern, mit dem Kopf durch die Wand zu gehen, wo doch ein paar Meter weiter die Tür offensteht. Mit Selbstvertrauen und Gelassenheit entfaltet sich das Potential der Stäbe erst richtig. Ihre kraftvoll-feurige Identität gibt Dir dann immer wieder neue Entschlossenheit und Begeisterung, den Mut, Grenzen zu durchbrechen und Widersprüche nicht nur zu meistern, sondern in ihnen neue kreative Möglichkeiten zu entdecken.

Tierkreiszeichen:
Widder, Löwe, Schütze

Planeten:
Mars, Sonne, Jupiter

Temperament:
Sanguiniker

Bewegung/Haltung:
Leicht

Große Karten:
IV-Der Kaiser
X-Glück
XI-Lust
XIV-Kunst
XVI-Der Turm
XIX-Die Sonne

Motto:
Talente entdecken, entfalten, verwirklichen

Faszination * Selbstvertrauen

Widder *ist sehr temperamentvoll.* Mars *hat kraftvolle Energie.*

Du hast Feuer, das aus dem Herzen kommt, Lebenslust und Freude. Du bist eine offene direkte und lustbetonte Person. Du bist wie ein Feuerwerk, impulsiv, ganz aus Dir heraus, sehr anziehend. Du kannst erstaunlich viel Wärme abgeben, Dich begeistert engagieren und großzügig sein. Du stehst mit Deinen Lebensenergien und Deiner Sexualität in gutem Kontakt. Du lebst und liebst wild und leidenschaftlich. Du kannst Dich gut selbst behaupten. Du besitzt eine intuitive Kreativität und Autorität. Du genießt das Spiel, das Balgen und Jagen wie eine Katze. Du bist fröhlich, sicher und erfolgreich, ein Sonnenschein für Deine Umgebung, wenn Du nicht gerade mit jemand »Katz und Maus« spielst (und sei es mit Dir selbst).

Manchmal kommst Du nicht zur Ruhe. Oder Du verlierst Dich in einem Spiel. Deine Ungeduld kann nerven. Gefährlich ist die mögliche Neigung zu übertriebenem Stolz, blinder Wut, Launenhaftigkeit oder Rache.

Mit dem Widder startet jedoch eine neue Runde im (astrologischen) Jahreskreis. Der Frühling ist die ideale Zeit für neue Projekte und für die Verwirklichung langgehegter Absichten. Vor allem bietet sich die Chance, alte Sorgen und Ängste loszuwerden, indem Du ein persönliches »Ostern« erlebst und gestaltest, bei welchem Du mit neuem Selbstvertrauen zu neuen Wegen aufstehst. Nun, für die »Königin der Stäbe« in Dir ist Ostern — immer!

Lebenskraft * Läuterung

Löwe *mobilisiert große Kräfte.* Sonne *gibt intensive Energie, lebensspendend und -zerstörend.*

Du bist eine Persönlichkeit, selbstbewußt und feurig wie ein Löwe. Du hast die Energie eines Vulkans: leidenschaftlich, brodelnd aus der Tiefe, manchmal überkochend und ausbrechend, zerstörend und fruchtbar. Für Deine Ziele kannst Du durchs Feuer gehen, und wie der Salamander kommst Du darin nicht um. Du liebst und Du brauchst Feuerproben. Denn sie bringen Leben in erstarrte Verhältnisse, und nur im Feuer scheiden sich Gold und Schlacke, bleiben Lebensmitte und »Selbst« formbar und empfänglich für Wachstum und Umgestaltung.

Dein Feuer speist sich aus den großen Träumen und Idealen tief in deinem Innern. Wenn Du diesen Sehnsüchten Nahrung gibst, brennt Deine Flamme. Dein Feuer läutert Dich. Denn je mehr es lodert, desto mehr wirst Du mit Dir identisch und gewinnst Deine machtvolle entschlossene, lebendige und ehrliche Gestalt. Oft bist Du der Motor von Veränderungen und neuen Projekten. Du kannst andere anstecken, so daß auch sie neue Lebenskräfte entdecken und alten Ballast abstoßen.

Wenn Du jedoch Deinen Bedürfnissen untreu wirst oder Dich auf zu kleine, zu begrenzte Ziele versteifst, geht Dir das Feuer aus. Wille und Macht werden dann zum Selbstzweck, mit zerstörerischen und selbstzerstörerischen Konsequenzen. Dir selbst und anderen gegenüber kannst Du geringschätzig, intolerant, gefühllos und quälerisch werden.

Farbe bekennen und Feuer zeigen

Schütze *dehnt sich aus und schafft sich Raum.* Jupiter *bringt neue Erfahrungen und neue Zustände.*

Du bist eine starke, unkonventionelle Persönlichkeit. Du bringst Dein Feuer in die Welt, in Deine Umgebung. Du hast Mut und Kraft. Du gehst Deiner Leidenschaft oder Deinen Fantasien nach. Ob das nun ein ungewöhnliches Hobby, einen spontanen Entschluß oder den Lebensweg insgesamt betrifft. Für Dich ist das einfach eine Bedingung des persönlichen Lebensglücks, der eigenen Identität und Vitalität. Der Erfolg wird Dir recht geben. Indem Du Deiner Energie folgst, bist Du am schönsten und stärksten zugleich. Damit tust Du Dir den größten Gefallen, und gleichzeitig gibst Du auch der Gemeinschaft so das Beste, das Du zu geben hast.

Schnelligkeit, Unberechenbarkeit, Attraktivität und eine große Liebesfähigkeit sind Deine Eigenschaften. Deine Gefahr ist, daß Du den Kontakt zu Dir selbst verlierst und Dich in rastloser Suche nach immer neuen Zielen verzehrst. Du kannst dann Dir oder anderen gegenüber intolerant und zerstörerisch sein.

Die Karte zeigt demgegenüber eine Gemeinsamkeit von Roß und Reiter, das bedeutet hier, einen Moment der fruchtbaren Zusammenarbeit von bewußtem Willen und unbewußten Trieben und Motiven. Dieses Zusammenspiel auszubauen, gelingt umso leichter, als Du verstärkt Farbe bekennst, unbewußte Wünsche und geheime Ängste bewußter behandelst. Erlebnisse und Ereignisse, die eigentlich schon längst selbstverständlich sein sollten, wollen jetzt auf den Weg gebracht werden!

Spiel mit dem Feuer
Selbst-Entwicklung

Stab-Prinzessin ist wie eine Frühlingsbotin, voller Freude über das, was wächst. Sie steht im Zeichen der Frühlingstagundnachtgleiche *am 20./21.3., mit der der astrologische* Jahreskreis, *der* Frühling *und das Tierkreiszeichen* Widder *beginnen.*

Du bist eine junge oder junggebliebene Person. Du verfolgst Dein Wachstum, Deine sprossenden Triebe, voll Neugier und Anerkennung, vielleicht mit Bewunderung, vielleicht mit Skepsis.

Du spielst mit dem Feuer: fantastische Erlebnisse und Neuigkeiten fallen Dir spielerisch-leicht zu. Wenn Du Deinem Temperament folgst, erwachsen Dir in Deiner Lust am Spiel Erfindungen und Erfolge oft wie von selbst. Du hast fruchtbare Träume und kannst gleichsam in der Wüste Pflanzen blühen lassen.

Glückliche Neuigkeiten und neue Möglichkeiten sind die Botschaft dieser Karte. Sie kann allerdings auch für ein uneffektives Spiel mit dem Feuer stehen, das bloß theatralisch ist, mit einem Hang zum Dramatisieren, zu Oberflächlichkeit oder Verantwortungslosigkeit.

Die Wachstumskräfte, welche in der Natur in den ersten Frühlingstagen gut sichtbar werden (genauso wie die »schnelle« Entwicklung eines Kindes in seinen ersten Lebensjahren), zeigen jedoch nur besonders deutlich eine Dynamik von Triebkraft und Weiterentwicklung, die jedem Lebensmoment zugehört. Es ist keine Frage des Alters oder der Jahreszeit, mit jenen machtvollen Energien zu leben, vielmehr eine Sache der Bereitschaft, in und aus der Lebensmitte zu leben, zur richtigen Zeit Altes loszulassen und Neues zu erkunden.

Kreativität * Identität

Die Quintessenz des Elements Feuer. Zugehörig sind die drei Feuerzeichen Widder, Löwe *und* Schütze.

Das Stab-As enthält das ganze sich entfaltende Potential der Kreativität, der Lebenslust, der Leidenschaft und des Wachstums. Es verweist auf die vielen Talente, die in Dir stecken. Es signalisiert Glück und Erfolg auf vielen Ebenen. Es bedeutet gute Chancen, Arbeiten abzuschließen, neue Projekte zu beginnen oder allgemein Farbe in den Alltag zu bringen. Die Schlüsselworte zur Handlung der feurigen Stäbe lauten Daseinsfreude, Wille und Intuition.

Du hast ein vehementes Selbstvertrauen. Es speist sich aus Deiner Entschlossenheit, Lebendigkeit, Begeisterungsfähigkeit und Tatenlust. Es stellt ein Energiereservoir dar, das Du immer wieder neu zur Hand hast. Du hast die Macht, Dich zu engagieren, Dich zu behaupten und zu verwirklichen. Du hast die Kraft, Dinge in Bewegung zu setzen und vorwärts zu bringen. Deine Kreativität kann Dich zu einem abwechslungsreichen Alltag voll Abenteuer, Aufregung und Dynamik führen. Du brauchst Anstrengungen nicht zu fürchten, denn Du weißt: »Man muß zu weit gehen« (Heinrich Böll). Nur so erfährst Du die ganze Palette Deiner Möglichkeiten — und siehst: tat-sächlich gibt es kein »zu weit«.

Schaden können Dir nur ein hölzerner Eifer oder ein hehres Draufgängertum mitsamt ihrer Bereitschaft, Hindernisse und Widerstände gegebenenfalls einfach niederzuknüppeln. Das sieht nach Stärke aus, offenbart jedoch umgekehrt eine Schwäche: Du denkst zu eng und ruinierst Dein Feuer zur Unzeit. »Der Himmel kennt keine Grenzen.« Es gibt größere Lösungen, in die Du Deine ungeteilte Kraft auf Dauer einbringen kannst. Aufgaben, die Deine ganze Person verlangen, wecken all Deine Talente und entwickeln sie, indem sie sie verbrauchen. Ziele, die sich lohnen, fordern Deine Identität heraus und geben sie Dir immer wieder neu.

Gewißheit ∗ Selbst-Regierung

Widder *fängt etwas an.* Mars *gibt kraftvolle Entschlossenheit.*

Du hast viele Talente und Fähigkeiten. Du bist kreativ und kennst Deine Quellen. Wie ein junger Künstler besitzt Du eine frühe Meisterschaft. Aber das ist noch längst nicht alles, was Du kannst. Geh weiter und entdecke mehr. Nimm Deine Möglichkeiten wahr. Verweile nicht in Unentschlossenheit. Schau, was kommt, und tu, was Du willst.

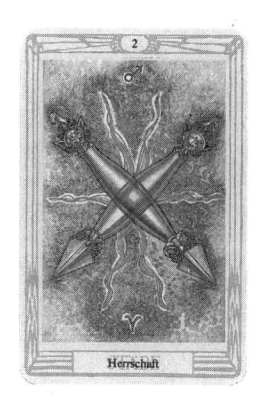

Bei allem, was sich ereignen mag, gibt Dir die Karte eine ruhige Gewißheit, wie die schönen Tage Deiner Kindheit. »Wie die Blüte Vorbote der Frucht, so ist die Kindheit Verheißung des Lebens«, sagt ein Sprichwort der Sufis. Du brauchst Schwierigkeiten nicht zu fürchten, wenn Du am Ganzen festhältst und die Dinge im einzelnen unterscheiden und auf einen Nenner bringen kannst wie hier die zwei Stäbe.

Eine Grundfrage der gesamten Stab-Reihe: Was fangen wir mit unserem Feuer an? Werden wir im ganzen nur Stückwerk fabrizieren oder aber Stück für Stück etwas Ganzes realisieren?

»Teile und herrsche« — diese eher berüchtigte Maxime bekommt im Zusammenhang mit der Aufgabe, die eigenen Feuerkräfte (Triebe, Motive, Idole) zu regieren, einen neuen, positiven Sinn. Teilen und herrschen heißt nunmehr, machtvolle Instinkte, prägende Urerfahrungen, große Tagesaufgaben oder eine spannungsvolle Ungeduld sich einteilen und dadurch selbst bewältigen zu können. Suche Dir Deine Gelegenheiten, die richtigen Augenblicke, in denen Du eingreifst und Dich mit aller Macht engagierst.

Das Beste geben

Widder *läßt sich von Grenzen anspornen. Er will Neuland entdecken.* Sonne *gibt reiche Energie.*

Die Dinge des Lebens zu nehmen, wie sie sind (einschließlich all ihrer noch unentdeckten Seiten), und mit ihnen ganz neue Projekte zu starten, welche der eigenen Persönlichkeit entsprechen, — darin besteht eine besondere Leidenschaft des Widders in uns allen.

Darauf spielt ebenfalls der Titel »Tugend« an: Not macht erfinderisch (wenn wir uns von ihr nicht schach-matt setzen lassen); unser Tatendrang und Erfindungsgeist bewähren sich besonders in den Fällen, in denen es gilt, »aus der Not eine Tugend« zu machen (wobei »Not« ja nicht nur Entbehrung oder äußeren Zwang bedeutet, sondern auch ein inneres Bedürfnis oder eine Lebenssteigerung, welche persönlich einfach »notwendig« ist).

Du bist eine kraftvolle, verwurzelte Persönlichkeit. Dein Reichtum an Ideen, Energien und Schwung vereint sich mit Gemeinschaftssinn und der Bereitschaft zu tätiger Hilfe. Die Karte steht für solide Arbeit. Und sie steht für die vielen Ziele, die Du noch in Dir hegst, die Freude an neuen Unternehmungen.

Sie kann Dir sagen: Worauf wartest Du noch? Wovor solltest Du Angst haben? Leg los! Eine Idee ist nur so gut wie das, was Du daraus machst. Guck nach vorn. Verlaß Dich auf die Kraft und die Integrität Deiner Absichten. Brich auf zu neuen Ufern.

Andererseits kann die Karte auch bedeuten: Verlier Dich nicht in Deinen Plänen. Sieh Dich an. Du brauchst jetzt Geduld und Vertrauen. Warte ab und halte Dich bereit.

Lebendiges Zentrum
Daseinsfreude

Widder ist sich selbst nah. Venus *kann feste feiern.*

Karten mit der Zahl Vier geben eine ausgebaute Situation wieder, in welcher die Polaritäten der Zwei als gegensätzliche oder aber als ergänzende Kräfte sich potenzieren.

Eine wichtige Phase hast Du abgeschlossen. Jetzt kannst Du Früchte ernten, Dich ausruhen und vergnügen. Du hast Deinen Platz gefunden, eine Bestätigung, eine Situation, in der Du das Leben genießen kannst. Was für ein Vergnügen, da zu sein. Welch eine Freude, neue Genüsse zu erfinden.

Weiter: Ab einem gewissen Grad schlägt eine jede Entwicklung in eine neue Qualität um, und jede Kraft besitzt eine Gegenkraft. Der Widder ist so »männlich«, daß er an einem gewissen Punkt auch »weiblich« wird, und »weibliche« Energien, wenn sie sich nur selbständig und eigenwillig genug behaupten, entwickeln eine solche Macht und Durchschlagskraft, daß die Venus im Widder ihren Platz findet und Feuer schlägt. »Männliche« und »weibliche« Prinzipien treffen hier besonders deutlich aufeinander. Die Frage ist nur, was sich dabei »vollendet«: Eine wechselseitige Blockade (»sich im Kreise drehen«) oder eine Entdeckung des jeweils Anderen als fruchtbares Neuland.

Wer immer wieder ins Unbekannte aufbricht, hat die besondere Chance, wieder und wieder neu (bei sich) anzukommen. Von »Ankunft« (adventus) leitet sich u.a. »Abenteuer« (adventure/aventure) ab.

Aufbruch und Ankunft zur geeigneten Zeit führen zum Mittelpunkt der Lebensenergie. Jeder Tag wird zum Abenteuer, wenn wir in der eigenen Mitte ruhen.

Der Weg in die Mitte

Löwe bringt sich selbstbewußt ein. Saturn kommt auf den Punkt.

Karten mit der Zahl Fünf werden u.a. als Quintessenz interpretiert. In dieser Karte zeigen sich die verschiedenen Richtungen und Bestrebungen der persönlichen Triebe, Motive und Tätigkeiten. Die Quintessenz des Feuerelements erweist sich in der Frage, ob und wie wir aus unserem Feuer einen einheitlichen Willen ausbilden, welcher für Verwandlung und Anpassung unter veränderten Umständen offenbleibt.

Du bist mitten in einem schöpferischen Chaos, im vollen Leben. Reibung, Berührung, Streit, Wettbewerb, Nähe und Auseinandersetzung sind produktive Faktoren Deiner weiteren Entfaltung.

Es kann sich um ein neues Projekt handeln, in das Du eingestiegen bist, oder um einen sonstigen Neubeginn: Laß Dich berühren von den Menschen, Ideen und Ereignissen in Deiner Umwelt, spiel mit ihnen und spür die Energie. Du kannst wie in einem kreativen Aikido oder Schlagabtausch fremde und auch »gegnerische« Energien für Deine Zwecke nutzen. Laß Dich nicht einmachen, und verdrück Dich nicht. Entscheide Dich, welche Ziele Du erreichen willst: entscheide Dich wirklich und setz Dich durch. Halbe Sachen zerstören Dich auf Dauer.

Die Karte kann auch zeigen, daß Du Dich in Auseinandersetzungen verstrickst und Deine Absicht aus dem Auge verlierst. Sie kann weiterhin vor Selbstüberschätzung warnen sowie vor einer Dramatisierung der Situation. Entspann Dich.

Selbstentfaltung
Selbstbehauptung

Löwe ist stolz auf seine Kraft und Schönheit.
Jupiter geht weiter, dehnt sich aus.

Karten mit der Zahl Sechs bedeuten eine »runde Sache«, in welcher diverse Widersprüche entweder eine gute Lösung miteinander finden oder aber sich zu einem Komplex verfestigen.

Das Feuer des Löwen speist sich aus den großen Träumen und Idealen tief in seinem Inneren. Wenn wir diesen Sehnsüchten Nahrung geben, brennen seine Flammen in starker Kraft. Hier können kleinliche Gewohnheiten und zu begrenzte Zielsetzungen gut überwunden werden.

Viele Erfahrungen und Erwartungen sind Dir präsent: eine Menge Arbeit, viele Mühen, Enttäuschungen und Bestätigungen. Jetzt erfährst Du, daß Du auf dem richtigen Dampfer bist.

Gewinnen ist möglich und ist nun angesagt. Gewinnen in dem Sinn, daß Du zeigst, wie schön und stark Du bist; daß Du mit Deiner Lebenseinstellung von innen nach außen gehst; und daß Du Deine Persönlichkeit, Deine Art zu leben und zu lieben, verwirklichst und genießt. Alles, was Du dafür brauchst, hast Du in Dir. Aber Du mußt jetzt auf der Bildfläche erscheinen. Zeig Dich! Komm raus und schaff Dir Raum. Warte nicht, bis Dich jemand abholt. Handle und stell Dein Licht nicht länger unter den Scheffel.

Wenn Du sowieso ein »Erfolgstyp« bist, kann Dir die Karte die Frage stellen, ob mit Deinen Erfolgen alles klar ist. Kennst Du die Gefahren einer unnötigen Ohnmacht oder eines falschen Stolzes? Mach Dich nicht abhängig von Bewunderern. Liebe Dich, auch wenn andere Dich nicht lieben.

Wandlungskraft

Löwe *engagiert sich ohne Wenn und Aber.*
Mars *ist energisch konzentriert.*

Karten mit der Zahl Sieben können eine Station der Prüfung, der Unterscheidung und der Verwandlung bedeuten: »Sieben« als die Arbeit des Siebens — schauen, was im Sieb bleibt und was nicht. »Mars in Löwe« ist eine Konstellation der Transformation und Wandlung, die zu einer Neubestimmung der Lebensmitte auf erhöhtem Lebensniveau auffordert.

Erfolg ist Entfaltung Deiner Kraft. Vieles ist jetzt anzupacken, oder vieles kommt auf Dich zu. Engagier Dich. Zeig was Du kannst. Halt Dich nicht zurück. Bring Deine Sache mit ganzer Kraft voran. Dein Einsatz ist jetzt gefragt. Warte nicht auf bessere Zeiten. Du hast genügend Wille und Kraft; die Frage ist nur, wohin damit und zu welchen Zielen.

Achte auf Deine Energie. Konzentrier Deine Anstrengung darauf, anwesend zu sein. Entscheidend ist Deine Bereitschaft, im Moment zu handeln und zu geben, was in Dir steckt. Eine ständige oder vorbeugende innere Anspannung führt zu Verkrampfung und reibt, genauso wie Verbissenheit, Deine Kraft nur vorzeitig auf. Laß Dich nicht ins Bockshorn jagen. Versuch die Situation spielerisch anzugehen. So, wie Kinder spielen können: auf eine Sache völlig konzentriert, um im nächsten Moment weiterzugehen, und dann das gleiche von vorn, immer mit 100%-Beteiligung, mit Begeisterung, nicht mit innerem Druck. (Schließlich soll das Ganze nicht dahin ausarten, daß es keinen Spaß mehr macht.)

Aktivismus, Ehrgeiz und übertriebene Anstrengung bringen Dich nicht weiter. Sie sind nur andere Formen des Auf-der-Stelle-Tretens. Hektik und Lähmung ähneln sich wie Zwillinge. Achte auf deine Energie. Warte nicht, bis Du enttäuscht und ausgebrannt bist.

»Bewußtheit durch Bewegung«

Schütze *hat noch große Pläne,* Merkur *treibt an und gibt Schwung.*

Für den Schützen in uns gilt der Satz: »Wie kann ich wissen, was ich will, ehe ich sehe, was ich tue!« Der Schütze muß aus sich herausgehen, sein Inneres nach außen tragen, nicht ohne Rücksicht auf Verluste, aber ohne Rücksicht auf bestimmte Vor-Erwartungen und Vor-Urteile. Er muß handeln, damit er weiß, warum und zu welchem Resultat. So versteht er sich darauf, seinen vielen Neigungen und Interessen gleichzeitig zu folgen und sie zu einem großen Spannungsbogen zu vereinen.

Deine Anstrengungen zeigen Ergebnisse. Diese stellen Dich vor neue Anforderungen. Du hast viele Fähigkeiten, und vieles muß jetzt zu einem neuen Ergebnis gebracht werden. Eine komplizierte Situation, die Dich ganz fordert, in der auch die Gefahr droht, daß Du Dir ganz aus dem Blick gerätst.

Mach Dich innerlich bereit, einen großen Schritt zu tun. Nur Du kannst Deine Träume verwirklichen. »Nimm Deine gebrochenen Flügel, und lern fliegen. Dein ganzes Leben hast Du auf diesen Moment gewartet, Dich zu erheben: »Flieg!«, singen die Beatles in ihrem »Blackbird«.

Halte Dich selbst im Blick. Laß Deine große Energie nicht in Hektik verpuffen. Konzentriere Dich und nimm Deine Kraft zusammen.

Unerwartete Begegnungen

Schütze *hat sein Ziel im Visier*. Mond *gibt innere Bestätigung oder Zweifel*.

Sonne und Mond verbinden sich zu einer kraftvollen Allianz wenn es gelingt, unbewußte und bewußte Triebkräfte an einem Strang ziehen zu lassen. Allerdings können Sonne und Mond, Tag und Nacht sich wie Gegner gegenüberstehen; dann bedeutet diese Karte eine »Stärke« nur insofern, als starke Hindernisse und kraftvolle Widersprüche in Erscheinung treten.

Hier wird die unbewußte oder Nachtseite des Willens, der persönlichen Feuerenergien im weitesten Sinne, hervorgehoben. Dabei stellt sich heraus, ob das, was Du Dir vom Bewußtsein her wünschst, und jenes, was Du unbewußt willst, tatsächlich übereinstimmen.

Eine Situation wie vor einer Premiere: Da bist Du mit Deinen Fähigkeiten und Talenten. Dein Auftritt steht bevor. Und Du machst Dich fertig aufzutreten, voll da zu sein, zu riskieren und alles zu geben. Es ist Dein Spiel, und Du wirst es genießen.

Ein anderes Mal stehst Du in der gleichen Situation mit skeptischen Fragen: Bin ich da, wo ich hingewollt habe? Wird es gelingen, mich ganz auszudrücken? Ist das noch mein Spiel? Ist das, was ich mache, wirklich echt? Du mußt Dich wieder entscheiden: entweder akzeptieren, was Du geschaffen hast, und raus damit ins Rampenlicht Deiner Umgebung — bereit, über Deine bisherigen Erfahrungen hinauszugehen. Trau Dich! Das Schlimmste, was passieren kann, ist, daß Du Dich lächerlich machst. Ja, gut! Aber verdrück Dich nicht, und mach Dich nicht lächerlich vor Dir selbst.

Wenn Du jedoch ausgebrannt bist und den Kontakt zu Deiner Mitte verloren hast, dann halt inne. Laß Ballast fallen, gib ab und bring Dein Selbst wieder ins Spiel. Sonst wirst Du mit der verbliebenen Kraft die letzte Lücke schließen und Dir Deine Sache verbauen.

Gebündelte Energien

Schütze verfolgt seine großen Ziele konsequent, manchmal auch endlos selbstverloren. Saturn *ist wie ein erfahrener Alter. Ihm kannst Du nichts vormachen.*

Das Crowley-Bild bedeutet mehr als sein Titel auf den ersten Blick aussagt. Die Feuerkräfte der Stäbe können sich wechselseitig blockieren und »unterdrücken«. Sie stellen aber auch ein komplexes Energiemuster, ein hintergründiges Kraftfeld dar, das — markiert durch die zwei hervorgehobenen Stäbe — einen Kanal findet, in welchem sich die starken Energien gebündelt und gerichtet ausdrücken können. Wenn die großen Linien stimmen, dürfen kleinliche Zweifel durchaus unterdrückt werden. Umso deutlicher tritt in Folge das Wesentliche hervor.

Dein Erfolg ist ein Ergebnis Deiner Leidenschaft, Deiner Selbstverwirklichung. Du kochst Dein Temperament nicht auf Sparflamme. Du bist voll da. Bewußt und ohne Vorbehalt bringst Du Dich ein. Du traust Dich, Dich auf neue Erfahrungen einzulassen. Du hast den Mut, Grenzen auszuprobieren und auszudehnen. Weil Du Dich ganz frei gibst, hast Du die Nase vorn. Laß Deine Leidenschaft und Deine Kreativität weiter arbeiten: »Der Himmel kennt keine Grenzen.«

Andererseits kann die Karte auch zeigen, daß Du in eine Sackgasse geraten bist und Dich hoffnungslos überladen hast. Erfolg und Entschlossenheit führen Dich in dieser Situation zu einer zerstörerischen Selbstverleugnung. Falsches Heldentum und Verbissenheit blockieren Deine Energie und lassen sie versiegen. Vor lauter Bäumen siehst Du den Wald nicht mehr. Du mußt Deine Kraft für Dich einsetzen und auch lernen, demütig zu sein, d.h. zu akzeptieren, daß sich die Welt nicht nur nach Deiner Façon dreht.

Kelche

Kelche vertreten das Element Wasser. Kelche, auch Pokale genannt, stehen für die Seele, das »Innenleben« und das Unbewußte. Die Welt der Kelche ist die Welt der Gefühle, Stimmungen und Ahnungen, der inneren Stimme und der spirituellen Erfahrung. Kelche handeln von innerer Wahrnehmung und innerem Wissen, von Sinn und Bedeutung, von Freude und Trauer, Verlust und Erfüllung.

Deine Erlebnisse und Eindrücke spiegeln sich in Deiner Seele und zeigen sich hier in ihrer Bedeutung. Sie bilden Deine innere Welt-Anschauung. Hier tun sich die Gegensätze und Unterscheidungen Deines Lebens auf — oder wachsen zu einer Einheit zusammen. Vieles, was dem Alltagsverständnis fremd ist, kann sich »drinnen« als vertraut erweisen und Gewohntes als fern. Auch die mystischen, spirituellen oder transzendenten Erfahrungen entstehen hier bzw. gewinnen hier ihre Bedeutung. Es sind dennoch keine »übersinnlichen« Kräfte am Werk. Es ist die unvoreingenommene seelische Aufnahme, Auswertung und Steuerung Deiner Sinneseindrücke, die Dich zu innerem Wissen und auch zu transzendenter Erfahrung führt.

Die Seele ist die Quelle der Intuition und der inneren Stimme. Sie ist Vorratslager, Prüfstand und Wegweiser Deiner persönlichen Orientierung — und damit eine wirkungsvolle Basis für Entscheidungen und Entschlüsse. Die Seele ist macht- und kraftvoll und wie ihr Element, das Wasser, alles andere als nur sanft. »... Daß das weiche Wasser in Bewegung/Mit der Zeit den mächtigen Stein besiegt./Du verstehst, das Harte unterliegt« (B. Brecht).

Tierkreiszeichen:
Krebs, Skorpion, Fische

Planeten:
Mond, Pluto, Neptun

Temperament:
Melancholiker

Bewegung/Haltung:
Fließend

Große Karten:
II-Die Hohepriesterin
VII-Der Wagen
XII-Der Gehängte
XIII-Tod
XVIII-Der Mond
XX-Das Äon
XXII/O-Der Narr

Motto:
Alles fließt, und das Harte unterliegt

Schönheit * Offenheit

Das Tierkreiszeichen Krebs und der Mond stehen für ein Leben aus den Gefühlen, aus der Seele heraus.

Die liebevolle Königin des Wassers. Du kennst viel von den Geheimnissen des Lebens und empfindest tief. Dein großes Einfühlungsvermögen gibt Dir reiche und treffende Bilder, Ahnungen und Visionen. Du hast eine gute Antenne, ein offenes Ohr für das Unbewußte, das »Ewig-Menschliche« und die Regungen der Seelen. Wenn Du mit Dir im Klaren bist, beziehst Du daraus eine große Kraft und eine fruchtbare Fantasie. Damit kannst Du ein tiefes, schönes und erfülltes Leben verwirklichen mit glücklichen Überraschungen, herzlicher Freude und immer wieder neuerlebter Glückseligkeit. Wie Du innerlich in die Tiefe wächst, wächst Du nach außen über Dich hinaus. Du hast ein Händchen für Beziehungen, eine spirituelle Begabung und eine erfahrene Lebensklugheit. Manche vereiste Seele taust Du wieder auf. Du kannst Dich ganz verschenken, aus vollem Herzen lieben und tiefe Gefühle teilen. Die Basis dafür ist allein Deine Offenheit, d.h. Deine Kunst, aus allem, was geschieht, eine Bedeutung, einen Sinn zu empfangen.

Du wirst verletzbar, wenn Deine Liebe und Deine Gefühle nicht erwidert werden. Wenn Deine Beziehungen nicht stimmen, ist für Dich alles andere kein Trost. Du leidest dann sehr und neigst zu dunklen Ahnungen, Depressionen und unbestimmten Ängsten bis hin zur Verzweiflung. Es sieht dann wirklich so aus, als hätte die ganze Welt sich gegen Dich verschworen. Du mußt lernen, nicht alles auf Dich zu beziehen, und aufhören, Dich als Spezialfall mit Sonderproblemen zu betrachten. Konzentriere Dich auf Deine Wünsche und Absichten. Gib nicht so schnell die Initiative an andere ab. Gerade um Dir Deine Eigenart, Deine Wünsche und Deine Offenheit zu bewahren, ist es auch mal nötig, Deine Türen zuzumachen.

Kelch-Königin

Tragendes Verlangen

Skorpion *und* Pluto *stehen für das »Stirb und Werde«. Sie dulden nur, was echt ist.* Mars *gibt starke Energie.*

Du bist eine liebende, würdevolle Persönlichkeit, deren große Kraft aus der Tiefe kommt. Dein Innenleben und Deine Gefühle sind für Dich sehr bestimmend. Solange Du das nicht anerkennst, kannst Du Dich selbst stark verletzen. Sobald Du aber den Impulsen aus Deinem Unbewußten nachgehst und danach lebst, hast Du Oberwasser und eine erfahrene, lustvolle Lebensart, »gutgelaunt wie ein Pascha und boshaft wie ein Stachelschwein« (Italo Calvino).

Du lebst im Uferlosen. Die Anerkennung der Wasserwelt mit all ihren Tiefen ist für Dich unvermeidlich. Die Erfahrung lehrt Dich, daß jeder äußere Rahmen (Erfüllung von Pflichten, Aufgaben, Regeln) an dem Problem Deiner persönlichen Uferlosigkeit nichts ändert. Sicherheit und Halt besitzt Du einzig in Dir. Dein Thron im Hin und Her der Wellen hat auch seine Stärken. Du bist sensibel für Strömungen und Schwingungen. Du verfügst über abgewogene eigene Werte und Ziele, eine fundierte Menschenkenntnis und eine reife Urteilsfähigkeit. Deine feine Wahrnehmung von Emotionen und Instinkten führt Dich zu vielfältigen, oft mutigen Ideen und Inspirationen, die Dich z.T. selbst erstaunen. Du hast ein gutes Gespür für Situationen. Du nutzt Chancen, beginnst Neues, akzeptierst Unvermeidliches, nie kleinkariert, immer mit einer persönlichen Würde.

Deine Gefahren sind Enttäuschung und Verzweiflung, solange Du anderswo als in Dir selbst nach Sicherheit suchst. Selbstverletzung und Selbstmitleid entstehen, wenn Du versuchst, Deiner tiefen Kraft auszuweichen oder künstliche Dämme zu bauen. Die Folgen sind aufgestaute Wut, Geheimniskrämerei und verborgene Lüste, die in Zügellosigkeit und Vernichtung umschlagen können.

Fantasie * Sehnsucht

Fische *leben mit dem Emotionellen und Spirituellen.* Jupiter *bringt Glück, Gutherzigkeit und Erweiterung des Bewußtseins, die von* Neptun *noch gesteigert, manchmal übersteigert werden.*

Du bist eine liebevolle Persönlichkeit, aufrecht, geradeheraus, offen. Von Kopf bis Fuß bist Du gewappnet für die Liebe. Wie die Fische ihrem Element ergeben sind, so folgst Du Deinen großen Gefühlen und Sehnsüchten. Die eine Seite von Dir ist Deine große Liebe. Du hast einfach so viel Liebe zu geben. Du teilst Dich mit und schaffst in Deiner Umgebung Lachen, Wärme und Farbenpracht. Du kannst ein ausgesprochener Spaßvogel sein. Die andere Seite ist Deine große Suche und Dein Unterwegssein. Du brauchst immer wieder das Gefühl der Rückbindung an Deine Quellen, der Ausdehnung ins Unendliche und des tiefen Einsseins mit dem Strom des Lebens. Wenn Du dabei nicht in Unentschlossenheit oder Selbstvergessenheit verfällst, hast Du eine außerordentliche Gabe für wundervolle Liebesgeschichten, spirituelle Abenteuer und fantastische Erlebnisse. Wille und Gefühl gehen für Dich dann miteinander auf.

Deine Gefahr ist, daß Du in Deiner ewigen Sehnsucht an dem, was ist, vorbeigehst. Oder daß Du ständig schwankst und Dich nicht entscheiden willst. Du wirst dann kraft- und konturlos, weltfremd, mit Tendenzen zu innerer Steifheit und Sektiererei.

Glaube und Liebe sollen eben kein Ersatz für Wissen und Bewußtsein sein. Vielmehr geht es hier um einen bewußten Umgang mit dem Unbewußten. Der Krebs, welcher in vielen Darstellungen der Karte »Der Mond« als Inbegriff der tiefsten Tiefen der Seele auftaucht, wird hier emporgehoben (in mehrfacher Bedeutung aufgehoben)!

Lebensfreude * Einsicht

Kelch-Prinzessin ist belebend und erfrischend wie ein Sommertag am Meer. Sie steht im Zeichen der Sommersonnenwende am 21./22.6., *mit der der* Sommer *und das* Tierkreiszeichen Krebs *beginnen.*

Prinzessin der Kelche

Du bist eine heitere und ernsthafte Persönlichkeit, hilfreich und aufbauend, dabei selbständig und eigenverantwortlich. Das Leben der Gefühle und des Unbewußten betrachtest Du nachdenklich-spielerisch und neugierig-distanziert. Wenn das nicht zu einem Zustand der Unentschlossenheit führt, hast Du eine große Begabung, Dich in innere Probleme zu versenken, ohne darin unterzugehen. Mit Einfühlung, Verständnis und Meditation entdeckst Du Neues und gewinnst Einsichten in Zusammenhänge, Ursachen und Motive. Das ist für Dich selbst eine Quelle aufgeklärter Lebensfreude. Und für andere kannst Du eine wichtige Hilfe auf psychischem und spirituellem Gebiet sein. Mit Deiner besinnlichen und lebensfrohen Art kannst Du Dir und anderen Mut machen, Freude und Ruhe schenken.

Allerdings kann es auch vorkommen, daß Du Dich mehr dem Studium diverser Lebensrätsel als Dir selbst widmest. Du kannst davor zurückschrecken, Dich zu engagieren oder die erforderliche Härte zu zeigen. Du wirkst dann blaß und unerfahren.

Freude * Ekstase

Die Quintessenz des Elements Wasser. Zugehörig sind die drei Wasserzeichen Krebs, Skorpion *und* Fische.

Das Kelch-As enthält das ganze Potential des Unbewußten, der Gefühlswelt und der Spiritualität. Es bedeutet Deine tiefe seelische Verbindung mit dem Leben und Deine Offenheit für die Geheimnisse zwischen Himmel und Erde. Es signalisiert eine glückliche Reise durch das Leben und eine tiefe Erfüllung.

Deine überströmenden Gefühle lassen Dich Freude und Leid tief erfahren. Dein machtvolles inneres Empfinden bringt Dich manchmal in Bedrängnis. Du scheinst Wünschen und Ängsten ausgeliefert zu sein, in denen Du unterzugehen drohst. Du mußt immer wieder durch extreme Höhen und Tiefen hindurch in einem Kreislauf, der nie aufzuhören scheint. Manchmal weißt Du nicht mehr, was Traum und Wirklichkeit ist, wo die Illusion anfängt und wo sie aufhört. Zugleich sind es aber gerade diese emotionalen Grenzerfahrungen, die Dich aufs Intensivste mit der Welt und allem Menschlichen verbinden. Du wirst in Sinn und Bedeutungen eingeweiht, die dem oberflächlichen Alltagsverständnis oft fremd bleiben. Das kann Dich manchmal auch irritieren, lähmen oder dem Alltag entfremden. Dann mußt Du behutsam sein und Dir Freunde und Begleiter suchen. Aus jenen Erfahrungen heraus besitzt Du jedoch ein besonderes Bewußtsein Deines Eingebundenseins in einen größeren Welt- und Lebenszusammenhang. Du hast eine besondere Nähe zur Ekstase. Auch die drei anderen Asse stehen auf ihre Art für das Heraustreten aus der alltäglichen Gebundenheit und für die unmittelbare und ganzheitliche Erfahrung des Seins. Die seelische Erfahrung der Kelche bringt sie Dir jedoch besonders tief und durchdringend. Nimm es als ein Geschenk des Lebens, mit dem Du Dir und anderen viel Freude bereiten kannst.

Geteilte Freude, doppelte Freude

Krebs *lebt seine Gefühle und tauscht sie aus.*
Venus *bringt Liebe, Lust und Freude.*

Glück und Erfüllung zwischen (zwei) Menschen. Liebe, Verständnis, Bereitschaft zu Kommunikation und Austausch sind die Basis für emotional befriedigende, beglückende Beziehungen und Begegnungen. Über solchen Zusammentreffen liegt eine Art Zauber. Die zwei Fische unter der Lotus-Blüte symbolisieren Körper und Psyche, Trieb und Vernunft, die sich anziehen und verflechten.

Die Freude, die wir in uns selbst entdecken und mit einem Gegenüber teilen, ist einer der Gründe für unsere »lange Reise durch ein kurzes Leben«. Laß diese Freude sich immer weiter entfalten, schaff ihr neue Bereiche. Teile Dich mit: Sprich mit dem Kollegen, der Dir immer noch fremd ist; sag Freund/in oder Bekannten, was Dir schon lange stinkt; weih Deine/n Partner/in oder Dein Kind (mehr) in Deine Geheimnisse ein. Oder mach z.B. Schluß mit der Devise: »Kritik immer, Lob selten bis nie« (oder auch umgekehrt). Sag dem/r anderen, was Du von ihm/ihr brauchst und was Du ihm/ihr geben willst. Warte nicht, bis er/sie es vielleicht errät. Je klarer Du Dich mitteilst, desto schöner für beide Seiten.

Auf der anderen Seite kann die Karte eine ständige Unzufriedenheit andeuten. Du erkennst nicht den Wert Deines Kelches. Nach dem Motto »Die Kirschen in Nachbars Garten ...« tauschst Du bereitwillig Deinen Pokal und bist doch nie zufrieden mit dem, den Du hast. Das kann bis zur (inneren oder äußeren) Unersättlichkeit reichen. Sich selbst zu besitzen macht satt. Tritt Dir selbst gegenüber. Nur die Befriedigung, die Du Dir schenkst, findest Du auch bei anderen.

Seligkeit

Krebs *lebt seine Gefühle*. Merkur *verschafft ihnen Ausdruck*.

Zeit der Feste und des Glücks. (Frühe) Fülle. Innerer Reichtum, Glanz der Seele, der sich in einer Gemeinschaft ausdrücken und entfalten kann. Eine Gruppe, in der Du ganz und gar angenommen bist, in die Du Dich ganz und gar hineingibst; nicht um Dich zu verzehren oder aufzuopfern, sondern aus Freude am Dasein, aus Lust am Schenken. Es sind die Augenblicke in Deinem Leben, in denen Du ein lachendes Einverständnis mit der Welt hast, in denen der Augenblick Ewigkeit ist; Situationen der reinen Seligkeit, in denen alles möglich ist.

Du kannst jetzt glücklich sein. Du kannst eine Gruppe finden, die Deinen Wünschen entspricht. Du kannst anderen Deine Liebe schenken. Das kann z.B. mit einem Geburtstag von Dir oder anderen anfangen, den Du besonders liebevoll vorbereitest. Es beginnt jedoch im Endeffekt mit jeder Sache, die Dir wirklich wichtig ist. Du wirst reich beschenkt, wenn Du aus dem, was andere in ihrer Eigenart mitbringen, das annehmen kannst, was Du brauchst oder willst. Das gibt Dir eine Heimat in der Gemeinschaft, eine grundsätzliche Zufriedenheit unter Menschen und eine selige Freude im engen Kreis.

Die Karte warnt andererseits vor einem sentimentalen Schwelgen. Du hältst Erinnerungen an frühere glückliche Zeiten hoch und sitzt tatsächlich auf dem Trockenen. Oder Du suchst im Rausch die Erfüllung Deiner Sehnsüchte. Oder Du feierst ein Gemeinschaftserlebnis, ein Wir-Gefühl, in dem Du tatsächlich untergehst, wo nicht mehr klar ist, wo Deine Person beginnt und die anderen enden. Die Anerkennung bestehender Unterschiede, Kritik oder Ablehnung fremder Eigenschaften stehen einem Zusammensein voller Liebe und Freude aber nicht entgegen; sie gehören vielmehr dazu, wenn es darum geht, Deine ureigensten Bedürfnisse wahrzunehmen und auszudrücken. Nur wenn Du offen für Dich bist, wirst oder bleibst Du offen für andere.

Besinnung * Selbst-Findung

Krebs *läßt sich auf seine Gefühle ein. Der Mond steht für die Macht des Unbewußten.*

»Vier Kelche« bringen verschiedenartige seelische Erfahrungen und Erwartungen miteinander in Verbindung, suchen den aktuellen Schnittpunkt der seelischen Realität.

Wünsche und Ängste, Sympathien und Antipathien können und sollen hier in ihre Einzelaspekte geschieden werden, um aus dem einzelnen ein ganzes Bild zu gestalten. Stimmige und unsinnige Wünsche, sinnvolle und unbegründete Ängste müssen bilanziert und auf einen Begriff gebracht werden. Es geht nicht um Wunderglauben, auch nicht um allgemeine Skepsis, vielmehr um die Treue zu sich selbst, um das Wagnis, Zutrauen zur »inneren Stimme« zu fassen und die eigene Person in ihrer Beschaffenheit zu lieben.

Du horchst nach innen und gibst Deinen Gefühlen Raum. Deine Erfahrungen sind Dir präsent, und indem Du Dich dem Strom Deiner Eindrücke hingibst, kommen Dir neue Gedanken und wundervolle Inspirationen. Du kannst Dich wie ein Baum weit in den Himmel strecken, wenn Du Deine Wurzeln kennst, und Vergangenes und Zukünftiges in Dir vereinen. Die Begegnung mit Deiner Natur weckt Deinen höheren Sinn und schenkt Dir eine tiefe Ruhe und Ausgeglichenheit. Laß Deiner Seele Flügel wachsen. Fordere oder erwarte nichts Bestimmtes, öffne Dich Deinen Eingebungen. Lerne und genieße, bei Dir zu verweilen und dem inneren Fluß zu lauschen.

Wenn Du etwas gründlich auszuloten hast, wenn freudige Ereignisse Dich besonders berühren oder wenn die großen und kleinen Katastrophen des Alltags Dich getroffen haben, dann suche Deine Wurzeln, finde erneut zu Deiner Natur, zu einem neuen Einklang der auch die neue Erfahrung aufnimmt. — Zugleich kann jeder Kelch auch eine Versuchung darstellen, die Du zurückweisen mußt, um innere Ruhe zu schaffen oder zu bewahren. Du mußt offen für Dich bleiben, und das heißt, nicht jeden Kelch unbedingt leeren.

Wende * Umwandlung

Skorpion *erkennt die Tiefen und Abgründe an. Zusammen mit* Mars *setzt er starke Energie frei.*

Wo starke Gefühle aufeinanderstoßen — Freude und Trauer, Erfüllung und Verlust —, begegnen wir dem Schatten. Wir kommen an die Grenze dessen, was wir (bisher) seelisch zu erfassen vermögen. Aber, Vorsicht — nicht allein Finsternis und düstere Stimmung sind angezeigt. Die Seele (das Gefühlsleben) wirkt wie ein Spiegel. Auch und gerade das erscheint der Psyche dunkel, von dem sie noch kein Bild besitzt, welches sie reflektieren kann! Alles, was »ganz anders« ist als sie selbst, erscheint der Seele als Schatten.

Es ist jetzt wichtig, daß Du Deine Schmerzen akzeptierst, daß Du Deine Trauer, Wut oder Reue lebst und da hindurchgehst. Etwas ist verloren. Es ist vorbei. Konzentrier Dich auf das, was vor Dir liegt. Das ist jetzt das Wesentliche. Deine vergangenen Erfahrungen waren jedoch nicht umsonst. Der Schmerz wegen eines Verlustes zeigt gerade, daß Du lebendig bist, und zeigt Dir auch, indem Du es vermißt, was Du willst. Das ist ein Potential, mit dem Du viel anfangen kannst. Du brauchst den Verlust weder zu verdrängen, noch Dich ihm zu unterwerfen.

Aber eine Enttäuschung bedeutet möglicherweise auch eine Ent-Täuschung: Das Ende einer Täuschung, deren Lektion wir gelernt haben, setzt — wie Mars — enorme Energien (für neue Taten, für ein neues Bewußtsein der eigenen Existenz) frei. Weil im Schatten auch Tiefe, verborgene Kräfte und bislang nur geahnte Schätze enthalten sind, stellt der Schatten ein Ziel der Suche, eine Sehnsucht dar. Die geglückte Verbindung verschiedenartiger Kelche zu einem integrierten Ganzen bedeutet auch the missing link, das gesuchte Verbindungsstück, welches seelische Kontinente zusammenzuführen vermag. Die Begegnung mit dieser Art des Schattens gleicht einer erfolgreichen Schatzsuche. Sie bedeutet eine Wegweisung für ein großes Glück!

Energie aus dem Unbewußten

Skorpion geht in die Tiefe. Sonne *füllt Dein Herz mit Lebensenergie.*

Alte Träume und tiefe Wünsche werden Dir neu bewußt. Erinnerungen und Fantasien kommen hoch. Erlebnisse in der Kindheit und in frühen Beziehungen werden Dir wieder gegenwärtig. Das Unbewußte macht sich bemerkbar — in Tagesereignissen, Träumen, neuen Ideen und Visionen. Versuche, Deine inneren Bilder zu verstehen. Arbeite mit ihnen. Achte auf Stimmungen und Schwingungen. Die seelischen Impulse sind Prüfstand und Wegweiser Deiner Orientierung. Sie geben Kraft und Einsicht und schaffen Raum für neue Beziehungen und Zusammenhänge.

Im übrigen deutet die Karte freudige Überraschungen und Geschenke an: große und kleine Wunder, die im Alltag wahrzunehmen wir Erwachsenen wieder lernen müssen. »Wenn ihr nicht werdet wie die Kinder ...«.

Allerdings kann auch eine gewisse Naivität in Deinem Verhältnis zu den Geheimnissen des Lebens hier angezeigt werden. Sei es eine mangelnde Loslösung von Deiner Kindheit oder Beschönigung derselben. Oder eine Ablehnung des Seelischen und Unbewußten als Kinder- oder Psychokram.

Kraft der Träume * Wunderwelt

Skorpion *lotet aus und läßt nur Echtes bestehen.* Venus *schenkt Glück.*

Hier gilt es zu prüfen, welche Chancen wir dem persönlichen Glück zu geben bereit sind. Wenn aus den Gefühlserfahrungen und dem Verlangen des Skorpions etwas Schönes und Liebevolles (Venus) werden soll, müssen wie im Bild überflüssige Erwartungen abtropfen, bis im Sieb bzw. im Kelch das zurückbleibt, was dem persönlichen Glück ein harmonisches Maß verleiht.

Der Feind des Guten ist das Beste. Die Suche nach dem Heilen, Absoluten, Unwandelbaren hindert Dich zuzugreifen. Sie ist zugleich auch die Angst, es könnte sich alles in nichts auflösen. Im Extremfall führst Du nur noch ein Schattendasein und beziehst Dein ganzes Leben auf eine Idealwelt, schwankend zwischen hier Wunschvorstellungen und Absolutheitsanspruch und da Leere und Nichtigkeit. Du mußt lernen, Deine Vision zu Dir herunterzuziehen. Das Absolute, der Aufbau der Welt, die Fülle aller Möglichkeiten sind in jeder täglichen Begebenheit enthalten, in dir genauso wie in jeder Blume, jedem Stein. Hör auf, Dir immer zu wünschen, daß die Dinge anders wären. Fang an, Dich in Deiner Eigenart und Einzigartigkeit zu erleben. Spür den Augenblick. Dann erlebst Du an Dir Wunder, Seligkeiten und Ewigkeiten, von denen Du bislang nur geträumt hast.

Auf der anderen Seite warnt die Karte davor, daß Du Deine Träume sausen läßt. »Verderbnis« oder »Ausschweifung« (so die gebräuchlichen Kartentitel, im englischen Original »Debauch«) können aus übertriebenen genauso wie aus versäumten Glücksansprüchen resultieren. »Ich kann meine Träume nicht/fristlos entlassen,/ich schulde ihnen/ noch mein Leben« (Frederike Frei). Warum solltest Du Dich mit einem Schmalspur-Glück zufriedengeben? Ohne Deine Träume bleiben äußere Erfolge oder innere Triumphe Scheinsiege und Trugbilder. Ohne innere Beteiligung und ohne dieses Prickeln verkommen auch die schönsten Errungenschaften zu Fetischen oder Attrappen.

Verzicht auf Unwesentliches

Fische folgen dem Strom des Lebens. Saturn handelt im Wissen, daß alles seine Zeit hat.

Der englische Originaltitel der Karte lautet »Indolence«. Indolenz heißt Schmerzlosigkeit und kann eine Ahnungs- und Empfindungslosigkeit im Sinne der Apathie, aber auch eine fakirhafte und vertrauensvolle Schmerzfreiheit und Lässigkeit bedeuten. Die glücklichen Möglichkeiten der »acht Kelche« haben nichts mit »Trägheit« zu tun, sondern damit, mit der tragenden und treibenden Kraft des Flusses zu arbeiten. Die Weisheit (Saturn) der Fische lautet: Zur richtigen Zeit das Richtige tun — und auf alles andere verzichten!

Acht Kelche sind eine große Fülle von wirklich gelebtem Leben, von vielzähligen Erfahrungen und erreichten Ergebnissen. Dennoch mußt Du jetzt weitergehen. Ein Stillstand würde selbst die bisherigen Resultate gefährden. Alles fließt. Es gibt keine andere Sicherheit, als daß Du weiter Deinen Weg gehst und der sanften, aber auch bestimmenden Macht des Mondes folgst.

Es ist nicht einfach, gewohntes Gebiet zu verlassen. Vielleicht ist es jetzt jedoch Zeit, Dich von Errungenschaften und Gewohnheiten abzuwenden, die zwar ein gewisses Auskommen, aber keine richtige Freude bedeuten. Ein Neuanfang kann Dir die Erfahrung bringen, daß es eine Lust ist, Dich wieder in Bewegung zu setzen und Deine Lebenssäfte fließen zu lassen. Zwar ist der Weg ins Fremde und Dunkle oft genug düster und bedrückend. Jedoch ist weder Finsternis noch Einsamkeit angesagt. Die Nacht hat ihre eigene Klarheit, und da ist ein Licht in der Dunkelheit. Hoffnungen und Ängste führen Dich weiter zur Quelle Deiner Sehnsucht.

Fülle * Selbstzufriedenheit

Fische *fühlen sich in ihrem Element sprichwörtlich wohl.* Jupiter *steht für die Rückbindung an die Quelle.*

Du bist ein Glückskind. Zufriedenheit, Genuß, Ruhe und Harmonie erwachsen Dir aus Deiner aktiven Annahme des Lebens und Deiner Erfahrungen. Du akzeptierst Dich mit Stärken und Schwächen, mit Fehlern und Vorzügen. Du traust Dir. »Alles an Dir ist wertvoll, wenn Du es nur besitzt.« (Sheldon B. Kopp). Was heißt überhaupt »richtig« und »falsch«, wo doch prinzipiell alles auch sein Gegenteil bedeuten kann. Du nimmst Dich selbst sehr ernst und folgst Deiner Energie. Ohne ständige Bewertung und Beurteilung kannst Du Deine vielen Seiten entfalten und aus vielen Quellen schöpfen. Bewahr Dir diese Offenheit. Freu Dich und mach weiter.

Auf der anderen Seite bedeutet die Karte auch eine übermäßige Selbstzufriedenheit oder Selbstverschwendung. Dir kann es schwerfallen, neben dem reichlichen Verständnis, das Du für andere aufbringst, die eigenen Bedürfnisse nicht zu vergessen. Oder Du beziehst alles auf Dich und verkennst die Bedürfnisse der anderen. Die große Freude, aber auch die anspruchsvolle Aufgabe besteht darin, in Gefühls-, Liebes- und Glaubensfragen das Eigene und das Andere in eine erfüllende, befriedigende Übereinstimmung zu bringen.

Erfüllung * Gefühlsstarre

Fische *kennen dieses ozeanische Gefühl: wie ein Tropfen einssein mit den Meeren.* Mars *ist darin ganz leidenschaftlich.*

Deine Wünsche verwirklichen sich in einem bunten, facettenreichen Leben. Du findest Lieben und Beziehungen, die Dich ganz erfüllen. Die zehn Kelche im Muster des »Lebensbaumes« stehen für die vielen Wunder, die Du zusammen mit anderen erlebst. Der Lebensbaum ist ein Modell der Ganzheit, ein Zeichen für die Verbindung von Mensch und Kosmos, daneben auch für Schöpfungsgeist und Kreativität. Deine Bereitschaft, mit Beziehungen und Situationen kreativ umzugehen, ist es, die Deine Sehnsüchte erfüllt. Du erlebst Freuden, die Du wie Geschenke erhältst, die aber im Endeffekt Deine Produkte sind, Ergebnisse Deiner Bereitschaft, offen zu sein und zu empfangen. »Sieh eine Welt in einem Körnchen Sand/und einen Himmel in der wilden Blume,/greif das Unendliche mit Deiner Hand/und fühle Ewigkeit in einer Stunde« (William Blake).

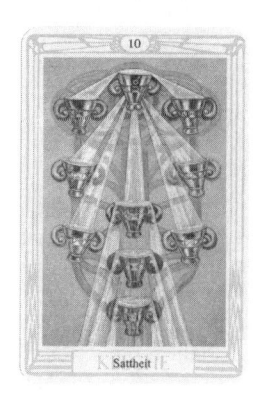

Von Herzen und mit ganzer Seele kannst Du große Energien aufnehmen und austeilen. Du bist wie ein Kraftfeld, in dem Du und andere sich wohlfühlen, tiefe Gefühle austauschen und befriedigen. Du brauchst die Gemeinschaft mit anderen, mit ergänzenden Polen. Wenn Du von ihnen empfangen kannst, gehen auch in Dir die verschiedensten Seiten eine Verbindung ein, und nichts Menschliches bleibt Dir fremd.

Umso wichtiger ist für Dich, was Du fühlst und woran genau Du glaubst. Ungeeignete Glaubensvorstellungen sind ein Suchterzeuger. Sie über- und unterfordern zugleich und verfehlen eine zufriedenstellende Sättigung. Sie können Dich in ein relativ festes »Gefühlskorsett« legen (welches der Lebensbaum hier u.a. auch bedeutet), in welchem seelische Reaktionsweisen vorgefertigt und nach Programm abgespult werden.

Schwerter

Schwerter vertreten das Element Luft. Sie stehen für Geist, geistige Energie, für Bewußtheit, Wissen und Intellekt. Die Welt der Schwerter ist die Welt der Erkenntnisse und Entscheidungen, der Einfälle und Beurteilungen. Schwerter handeln von Gedanken und Vorstellungen, von der bewußten und ausdrücklichen Wahrnehmung der Welt und des Selbst, von Originalität, Freiheit, Lernprozessen und Klarheit.

Viele lehnen heute Wissen, Wissenschaft und allgemein »Kopfarbeit« ab, oft mit dem Hinweis auf die zerstörerischen Ergebnisse unserer technischen Zivilisation. Aber Denken umfaßt viel mehr als das traditionell-westliche, analytische Denken. Ein Beispiel dafür sind komplexe Systemtheorien, die das Ursache-Wirkung-Prinzip aufheben. Ein weiteres Beispiel sind Meditationen, die im Zusammenspiel von Analyse und Intuition, von Fließen und Erkennen zu höheren Formen der Wachheit und geistigen Energie führen.

Im Übrigen verhält es sich mit dem Kopf ungefähr wie mit der Spitze des Eisbergs: Er ist Teil eines größeren Ganzen. Wo Entfremdung oder Zerstörung herrschen, geht es um die Änderung der gesamten Lebensweise. Und ein — wie auch immer geartetes — alternatives, menschliches Leben von Kopfamputierten verspricht wenig Freude. »Das Denken ist eines der größten Vergnügen der menschlichen Rasse«, meinte Bertolt Brecht. Denken als Vergnügen ist vielleicht auch das beste Heilmittel gegen die Abgehobenheit der herrschenden Geistes-Instanzen.

Tierkreiszeichen:
Zwillinge, Waage, Wassermann

Planeten:
Merkur, Venus, Uranus

Temperament:
Choleriker

Bewegung/Haltung:
Stark

Große Karten:
I-Der Magier
III-Die Kaiserin
VI-Die Liebenden
VIII-Ausgleichung
XVII-Der Stern
XXII/0-Der Narr

Motto:
»stark sein
ohne hart zu sein
ist nicht nur Kunst
das ist
AKROBATIK«
(Roswitha Schneider)

Autorität * Freiheit

Waage *findet ihr Gleichgewicht und damit immer wieder einen Punkt ähnlich der Schwerelosigkeit.* Venus *ist unmittelbar, anziehend und hat Lust am Fliegen.*

Du bist eine starke, souveräne Persönlichkeit mit großer Power und einem ausgeprägten Sinn für Gerechtigkeit. Konsequent und anhaltend dringst Du auf Klarheit. Du bekämpfst Unterdrückung und Elend. Du bewahrst Deine und anderer Freiheit.

»Über den Wolken muß die Freiheit wohl grenzenlos sein« (Reinhard Mey). Die Grenzenlosigkeit der Erfahrungen macht Angst. Ob Du mit Deinen Ängsten »richtig« umgehst oder nicht, ist hier die entscheidende Frage. Die Königin der Schwerter stellt einmal eine Figur dar, welche ihre Maske abgenommen hat und also ihr Gesicht unverstellt präsentiert (eine Leistung, die umso bemerkenswerter erscheinen muß, als viele der Bildgestalten im Crowley-Tarot kein Gesicht oder nur schemenhafte Züge zu erkennen geben). Auf der anderen Seite stellt die Königin der Schwerter im vorliegenden Bild aber auch eine besonders grausame Herrscherin dar, die den abgeschlagenen Kopf eines Widersachers triumphierend in Händen hält. An die Stelle der Auseinandersetzung mit dem Anderen (und damit auch mit dem Unbekannten und mit dem, was Angst bereitet) tritt die Ausgrenzung oder sogar die (geistige) Vernichtung des Anderen. — Insofern werden die Freiheit und die Anerkennung des Anderen zum Schlüssel Deiner persönlichen Autorität und Freiheit.

Du kannst allerdings sehr neugierig sein. Du mischst Dich manchmal zuviel ein und kommst nicht zur Ruhe. Gefährlich ist es, wenn Du allen gerecht werden willst, weil Du dabei leicht Deine Mitte und Identität verlierst. Du wirst dann bitter und niedergeschlagen und wendest Dich ab. Oder aber Du wirst ehrgeizig.

Du kennst diese Schwächen — und überwindest sie, indem Du damit lebst. Das gibt Dir eine große Fähigkeit, Dich auf Situationen und Ereignisse einzulassen, ja, in ihnen stets völlig anwesend zu sein.

Souveränität * Weisheit

Wassermann *schafft sich Klarheit*. Uranus *weist neue Bahnen*. Saturn *steckt den Rahmen*.

Du bist eine starke, erfahrene und bewußte Persönlichkeit. Deine Stärke ist Deine konsequente Urteilskraft, die Du Dir in langen Auseinandersetzungen mit Dir und Deiner Umwelt erwirbst. Du untersuchst die Welt in ihren Zusammenhängen, Ursachen und Motiven. Du gestaltest Dein Leben nach dem, was Du für richtig erkannt hast. Du machst es Dir nicht leicht. Wenn Du etwas wissen willst, kannst Du sehr konsequent und bohrend sein, auch Dir selbst gegenüber. Das geht manchmal bis zu sehr schmerzhaften Erkenntnis- und Entscheidungsprozessen. Aber Du bist es Dir schuldig, Deinen eigenen Weg zu finden und durchzuhalten. Du brauchst Klarheit und Stringenz, und das bedeutet einen lebenslangen Prozeß, in dem Du immer auf Deine Unabhängigkeit, Deinen eigenen Verstand, den Mut zur Unkonventionalität und zur Treue zu Dir selbst angewiesen bist.

Oft bist Du nicht im Einklang mit herrschenden Auffassungen und landläufigen Urteilen. Dein Verständnis für die großen Zusammenhänge ermöglicht eine einsichtige Beurteilung von gesellschaftlichen Strömungen und Traditionen. Du hast deshalb gute Voraussetzungen, Deine Vorstellungen in Kunst, Wissenschaft und anderswo zu äußern und wirken zu lassen. Du schaffst Dir damit Deinen Rahmen, in dem Du Deine Ideen und Wünsche auseinanderlegen und leben kannst.

Die Karte kann andererseits für »Kopflastigkeit«, Besserwisserei und Anmaßung stehen, die sich zu zwanghafter Kontrolle, kalter Berechnung und Zynismus steigern können. Deine Gefahren sind dann Lebensfremdheit, Isolation und Wahnideen.

Originalität * Radikalität

Zwilling *will wirklich wissen.* Merkur *ist intensiv und schnell.*

Du bist eine ausgesprochen energische Persönlichkeit voll Esprit, Gedankenkraft und Experimentierfreude. Wenn Du Dich für eine Sache entschieden hast, besitzt Du eine enorme Fähigkeit, Deinen Zielen mit hundertprozentigem Einsatz und ganzer Konzentration zu folgen.

Du besitzt eine große Fähigkeit und Bereitschaft, Dich ganz hinzugeben. Du willst keine halben Sachen, da bist Du radikal. Du willst die ganze Wahrheit erfahren und neue Wahrheiten ausprobieren. »Denn wenn man was liebt,/was man eigentlich kaum bekommen kann,/was unerreichbar fern erscheint,/wird man ein Stück traurig./Wird man ein Träumer./Oder man wird ein Radikaler./Oder/ein radikaler Verwirklicher seiner Träume« (Susanne Zühlke).

Radikalität bedeutet dabei im übrigen nicht immer große — oder gar hektische — Aktivität; oft sind es auch kleine Bewegungen und Veränderungen im Alltag, die eine starke Durchschlagskraft entwickeln.

Andererseits können sich Erbarmungslosigkeit, Selbstsucht und Ruhelosigkeit zeigen, die auch in Opfermentalität und Selbstaufgabe umschlagen können.

Initiative * Aufklärung

Schwert-Prinzessin ist wie ein Herbststurm, der alles Vertrocknete wegfegt, damit Neues wachsen kann. Sie steht im Zeichen der Herbsttagundnachtgleiche am 22./23.9., mit der der Herbst und das Tierkreiszeichen Waage beginnen.

Du bist eine geistig bewegliche Persönlichkeit mit Lust am Aufstöbern, Ausprobieren, Herausfordern. Sanft und wild widersprichst Du Vorgesetzten und Autoritäten, legst Schwachstellen bloß, machst Verbesserungsvorschläge und hast immer eine Menge neuer Ideen. Du gehst Deiner Wege und läßt Dich nicht auf bestimmte Rollen festschreiben. Genauso wie Du Dich nicht einfach überfahren oder ausmanövrieren läßt.

Du kannst mit Deinen Ideen andere Menschen ansprechen und überzeugen. Du bist dabei energisch, spontan, zielbewußt und aufgeschlossen. Du begibst Dich nicht in ungewollte Verpflichtungen oder Abhängigkeiten, wo Du Dich jedoch engagierst, bist Du zuverlässig und verantwortungsbereit. Du kennst keinen Absolutheitsanspruch. Neue Erkenntnisse und neue Entscheidungen sind Deine Sache.

Deine Gefahren sind Gutgläubigkeit und mangelnder Überblick, die zu Enttäuschungen und in der Folge zu hilflosem Protest, allgemeinem Mißtrauen, beliebigen Entscheidungen oder Dogmatismus führen können.

Genialität ✶ Erleuchtung

Die Quintessenz des Elements Luft. Zugehörig sind die drei Luftzeichen Zwilling, Waage *und* Wassermann.

Das Schwert-As steht für geistige Energie in reiner, konzentrierter Form. Es geht um die Elektrizität, die die Gedanken knistern läßt. Wie ein Adler siehst Du die Dinge deutlich und scharf im einzelnen wie in ihren Zusammenhängen. Die Weite des Himmels, die Nähe zur Sonne und eine große Liebe zur Erde sind Dein Reich, in dem Du Grenzen überfliegst, vertraute und unbekannte Punkte erreichst. Du blickst in Abgründe und gerätst in Unwetter. Und Du fliegst weiter, voller Hingabe an Dein Element. Die Karte signalisiert eine geniale, freie Sicherheit, die Du in Deinem Leben verwirklichen kannst.

Jedes Ding hat seine sprichwörtlichen zwei Seiten; für das zweischneidige Schwert gilt dies erst recht. Freiheit — Ordnung, Selbsterkenntnis — Hingabe, Originalität — Anpassung, Klarheit — Verantwortung sind einige der Dimensionen des luftigen Schwert-Reiches. Auch mit ihren Kehrseiten wirst Du konfrontiert: Chaos — Erstarrung, Selbstsucht — Aufopferung, Spinnerei — Konformismus, Arroganz — Unverbindlichkeit. All das und anderes mehr macht Deinen Flug bisweilen zu einem Auf und Ab wie auf einer Achterbahn.

Gerade das Erleben der Gegensätze aber ist es, das Deine Klarheit stärkt und Dir ein Bewußtsein von der Einheit der Welt geben kann. »Wenn Du über Dich hinausgesehen hast,/Wirst Du vielleicht finden, daß tiefer Frieden auf Dich wartet./Und die Zeit wird kommen, da Du einsiehst, wir sind alle eins,/Und das Leben fließt in Dir und ohne Dich« (Beatles, Within You Without You). Die Erfahrungen des Einsseins sind Momente der Erleuchtung. Sie krönen Dich mit einer Gelassenheit, Offenheit und Freundlichkeit, die Dich auch durch Zeiten der Verhärtung, des Kampfes oder der Erstarrung hindurchführen.

Ambivalenz * Unentschiedenheit

Waage *sieht die Vielfalt und will Balance halten.* Mond *steht für die Macht der Stimmungen und Schwingungen.*

Karten mit der Zahl Zwei stellen Polaritäten dar, die sich wechselseitig blockieren oder bestärken können. — Du hast die Waffen des Geistes ergriffen und lotest aus: Handeln kann Flucht bedeuten, abwarten jedoch Stillstand. Du hast Deine Meinung, ja — aber andere Standpunkte sind nicht weniger begründet. Man muß sich einerseits entscheiden, andererseits aber doch auch abwägen, ausloten. Es gibt ja nicht nur Schwarz und Weiß. Und jede Medizin kann schließlich auch Gift sein und umgekehrt …

Die Ambivalenz, Mehrdeutigkeit und Widersprüchlichkeit, gehört zum Leben wie das Auseinander und Zusammen des Herzschlags. Laß Dich von der Fülle unterschiedlicher Erfahrungen nicht entmutigen. Versteck Dich nicht hinter Unentschlossenheit oder Koketterie.

Es gibt kein absolutes Richtig oder Falsch, wohl aber das, was für Dich jetzt richtig ist. Tu, was Du zu tun hast: »Qui vivra verra.« (»Wer lebt, wird sehen.«)

Bewahr Dir Deine Empfänglichkeit für das Einerseits — Andererseits, für die Zwischentöne. So wird Dein Wissen und Bewußtsein zusammen mit Deinem Herzen wachsen. So erhältst Du Dir Deinen ganzen Erfahrungsschatz. Andersherum kommt ein unproportioniertes Wachstum heraus: großer Kopf und kleines Herz oder umgekehrt, mit festen Rollen, Standpunkten und Mauern, die Dich zunächst schützen, aber das Leben fernhalten.

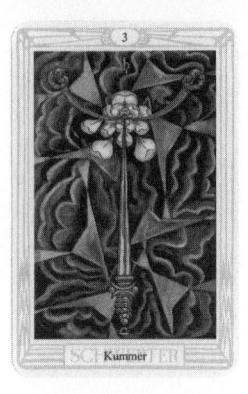

Lernprozesse
»Herz ist Trumpf!«

Waage *erkennt beide Seiten an.* Saturn *kommt auf den Punkt.*

Karten mit der Zahl Drei stellen eine abgerundete oder zugespitzte Situation dar, in der die Polaritäten der Zwei entweder zu einem ganz neuen Problem oder zu einer gelungenen Synthese finden. — Wie die zwei Schwerter vom Bild her nicht nur Frieden, sondern sicherlich auch Streit bedeuten, so zeigen die drei Schwerter zwar Kummer an, aber ebenfalls eine offenbarende Einsicht, das glückliche Zusammentreffen verschiedenartiger Gedanken und Argumente. Eine Verständigung nach Maß, die auf den Punkt kommt.

Diese Karte kann einen zerbrochenen Spiegel zeigen, von dem nur Scherben übrig sind — mit der üblen Bedeutung von Identitätsverlust und -zerstörung. Ebenfalls angebracht ist jedoch die verheißungsvolle Interpretation, daß der zerklüftete Spiegel eine Beseitigung von Masken, Vorwänden, Kulissen und vordergründigen Images bedeutet und den Blick auf Wesentliches freimacht; bisherige Bruchstücke der Erkenntnis setzen sich zu einem reifen Urteil zusammen.

Somit geht es hier um Deine Bereitschaft, mit Problemen produktiv umzugehen. Du kannst Schmerzen in Deinem Leben nicht generell vermeiden. Manchmal kann es auch wichtig sein, einen Schmerz durchzuleben. Nicht Fatalismus oder passive Hinnahme ist damit angesagt, sondern die grundsätzliche Anerkennung des Lebens mit seinen Gegensätzen, wie Herz und Schwert. Dazu gehören auch die Anerkennung Deiner eigenen schwachen Seiten und die Bereitschaft, Dir und anderen zu verzeihen, nicht perfekt zu sein.

Konzentration * Frühe Erstarrung

Waage *findet ihr Gleichgewicht.* Jupiter *steht für inneren Reichtum und Erweiterung des Bewußtseins.*

Diese Karte steht für Ruhe, Konzentration, innere Sammlung und Reifung. Sei es, daß Du viel getan und erlebt hast, was Du nun zu verdauen hast. Sei es, daß wichtige Ereignisse vor Dir stehen. Wie ein Sportler, Redner oder Musiker, der eine Übung schon hundertmal vollbracht hat, sich jedoch jedesmal erneut konzentrieren und bereit machen muß.

Im umfassenderen Sinn steht die Karte für die notwendigen Phasen der Einkehr, Besinnung und Meditation. Die Betonung liegt auf geistigem Wachstum und Reifung, auf der Erfahrung des Unterschieds von Haben, Machen und Sein. Die selbstgewählte Distanz zum geschäftigen Trubel ermöglicht dem inneren Wissen, zutage zu treten.

Umgekehrt kann die Karte auch anzeigen, daß Du Dich von bestimmten Erfahrungen abgeschottet hast. Du stellst Dich bestimmten Dingen gegenüber tot oder läßt sie nicht an Dich herankommen. Vielleicht um Dir eine innere Stabilität zu bewahren, vielleicht für eine Karriere, vielleicht weil es so Brauch ist. Dann ist es jetzt Zeit, wachzuwerden und aufzustehen. Die Klarheit, die Du Dir erworben hast, gibt Dir die Möglichkeit, Dich jetzt weiterzubewegen und Dich in das bunte Leben einzugliedern.

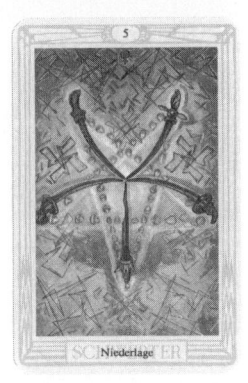

Die Macht des Geistes

Wassermann *sprengt Ketten und schafft Neues — und Schönes unter dem Einfluß von* Venus.

»Niederlage« ist ein zutreffender Aspekt, der als alleinige Bildunterschrift jedoch irreführend ist. Wenn überhaupt Worterklärungen auf die Karten sollen, dann gilt hier zumindest die doppelte Betitelung — »Niederlage oder Sieg«.

Tatsächlich sagt das Kartenbild selbst mehr, als der Untertitel erfaßt. Die 5 Schwerter sind verbogen und angeschlagen. Aber auch: Sie sind gebraucht, mit ihnen wurde Erfahrung gesammelt. Blutstropfen verbinden die Schwerter; sie zeugen von Verletzung und Leid. Aber auch: Hier werden mit Herzblut die Waffen des Geistes geführt; hier wird mit dem Herzen gedacht. — Die Blutstropfen bilden ein Pentagramm (Fünfstern) mit der Spitze nach unten; also negative, abwärts gerichtete Energie. Aber auch: Rückbindung des Geistes an die Materie; Aufgabe, das Bewußte zu erden und fruchtbar zu machen. — Die Schwerter richten sich gegeneinander. Aber auch: Sie treffen sich in der gemeinsamen Mitte. — Fisch, Schlange, Krone, Widderhorn und Schneckenhaus an den fünf Schwertgriffen zeigen die umfassenden Dimensionen der Situation — aber welcher Situation? Niederlage und/oder Sieg sind hier möglich. Für erlebte oder erhoffte Niederlagen und Siege kann die Karte stehen.

Warum sollte nur die eine Seite — Niederlage und die Angst davor — zugelassen, die andere Seite aber, Sieg und die Hoffnung darauf, zum Tabu erklärt werden? Gibt es so wenige Siegesaussichten? Darf denn geistiges Wachstum nicht auch einmal mit Schmerzen oder Furcht verbunden sein? Bereitet es nicht Freude zu gewinnen?

Die Quintessenz des Luftelements erweist sich hier in der Auseinandersetzung, ob die »Schwerter«, die Waffen des Geistes, zur Unterwerfung oder zur Befreiung genutzt werden sollen.

Orientierung * Bewußtwerdung

Wassermann *kennt die Richtung*. Merkur *erforscht das Neue und verbindet es mit dem Alten.*

Die sechs Schwerter sind hier so angeordnet, daß sie sich gegenseitig blockieren bzw. in der Wirkung aufheben können; wobei sie sich darin einig sein können, Rose und Kreuz im Mittelpunkt niederzuhalten. Die Karte bedeutet insoweit ein törichtes, ruinöses Wissen, das nach außen hin wohlgeordnet und abgerundet auftritt. Als positive Botschaft besagt das Kartenbild umgekehrt, daß hier das innere Selbst, dargestellt durch die erblühte Rose im Kreuz, gelernt hat, sich auszudrücken und mitzuteilen. Die »Schwerter« sind Gedanken und Begriffe, die Innen- und Außenwelt verbinden, die zwischen beiden Welten zu dolmetschen vermögen — das ist wahrhaft eine Wissenschaft für sich!

Alte und neue Erfahrungen mischen sich. Du gewinnst neue Orientierungen aus der Verarbeitung des Alten, das jedoch noch weiter wirkt. »ich bin/an mauern/entlang gewachsen/die steine/hab ich/zertrümmert/aber/ich trage/noch lang/ihr muster.« (H. C. Flemming)

Du bist immer auch Schöpfer Deiner Umgebung, verantwortlich für das, was Dir geschieht, nicht einfach Opfer von Verhältnissen. Je mehr Du dies auf dem Hintergrund Deiner Erfahrungen anerkennst, desto mehr kannst Du von altem Leid und ungeliebten Mustern Abschied nehmen. Nicht von Leid oder Mustern überhaupt, aber »es wird nie mehr so sein wie früher«, wenn Du willst. Du kannst Dich selber immer besser kennenlernen und alle Ruhe und Orientierung in Dir finden. Sei wach für die Ereignisse. Gib Dir Rechenschaft und bleib Dir Deiner Absichten bewußt.

Klärung * Selbstbetrug

Wassermann *blickt durch*. Mond *gibt Kraft aus Träumen und Unbewußtem.*

Die sechs kleineren Schwerter sind mit den astrologischen Zeichen von Neptun, Venus und Mars, von Jupiter, Merkur und Saturn versehen. Es ist also eine geballte Ladung von Energien, fast der versammelte astrologische Himmel, der sich hier der einen Energie, dargestellt durch das große Schwert, widersetzt. Die Kräfte können sich in der Stoßrichtung bis zum »Geht-nicht-mehr« blockieren. Das eine große Schwert kann sich dagegen aber behaupten, wenn es in sich eine Verbindung (und Unterscheidung) von bewußtem Willen und unbewußten Bedürfnissen, d.h. Sonne und Mond herstellt, deren Zeichen an Spitze und Knauf des Schwertes angegeben sind.

Alle sieben Schwerter zusammen betrachtet, wirken wie ein Baum, wie ein blühendes, gedeihliches Eigenwesen, das sich vor einem weiten Hintergrund gerade durch seine inneren Widersprüche in aller Schönheit auskristallisiert.

Du erkennst, daß Du vielen Ärger und viele Kämpfe nur deshalb auszufechten hattest, weil Du zu wenig Mut für Deine Träume hattest, und daß der Mut immer schwächer wurde, je länger Du aus Angst vor der eigenen Courage nicht loskamst. Alle wichtigen Schlachten trägst Du in Dir selbst aus. Entscheide Dich für Dich, und mach den Weg frei!

In einer anderen Situation signalisiert die Karte eine Selbstüberlistung, einen Pyrrhus-Sieg. Du hast Mut, zu kämpfen und auch zu siegen, aber was wolltest Du eigentlich erreichen? Was nützen Dir schöne Erfolge, wenn Du Dich damit vom Leben, vom Zentrum oder von Deinem Zuhause entfernst? Selbstentfremdung in der Pose des Siegers.

Chance * Gefahr

Zwilling *erkennt sich in seiner Umwelt.* Jupiter *steht für reiche Talente und deren Entfaltung.*

Der Titel »Einmischung« drückt zweierlei aus: Die Schwierigkeiten, welche der persönlichen Logik und ihrer Anwendung sich querlegen können; sowie die Unterstützung, die wir gewinnen können, wenn die persönlichen Linien klar sind und wir uns auf dieser Basis ins Geschehen einmischen.

Die sechs kleineren Schwerter können als Bahnschwellen aufgefaßt werden, die den Hauptschienen (den beiden langen Schwertern) Grundlage und Halt verleihen. Viele »kleine Schwerter« (alltägliche Ideen, Gedanken und Begriffe) können oder müssen zugunsten bewußter und großzügiger Perspektiven (neu) geordnet werden. Das Bild zeigt in diesem Sinne eine erforderliche Wartezeit oder deren erfolgreiche Beendigung, wenn der Zug auf neuen Gleisen Fahrt aufnehmen kann.

»Es gibt Gedanken, die Du nicht begreifen kannst, ohne Dein Leben zu verändern« (Werner Sprenger). Zum einen kann es darauf ankommen, daß Du Deine Geistesgaben anerkennst und begreifst. Such Dir ein Terrain und Aufgaben, wo Du Deine Kräfte ganz und fruchtbringend einsetzen kannst. Zum anderen kann es Dein Handeln sein, das Dich behindert. Sei es, daß ein Automatismus von Aktion, Ergebnis, Aktion Dich Dir fremd macht. Sei es, daß mit Deinen grundlegenden Absichten schon länger etwas nicht stimmt, was jetzt auf Dich zurückschlägt. Zieh Bilanz und such einen neuen Anlauf.

Erwachen * Verzweiflung

Zwilling erkennt sich in seiner Umwelt. Mars kann mit großer Energie zerstören oder aufbauen.

Die Schwerter bedeuten im übertragenen Sinne generell die »Waffen des Geistes« (Gedanken, Vorstellungskraft, Wissen). Das Bild der neun Schwerter zeigt nun die besondere Power und den »blutigen Ernst« derjenigen Geisteskräfte, die recht unmittelbar in Fleisch und Blut übergehen oder durch die »Stimme des Blutes« begründet sind. Taktlosigkeit, Fanatismus, »Grausamkeit« und Entgeisterung können Folge von unzulässigen Verkürzungen, von einer Art Kurzschluß zwischen Blut (Körper/Gemüt) und Schwert (Geist/Geistesgaben) sein. — Andererseits ist der »kurze Weg« oder die direkte Verbindung zwischen Körper und Geist Grundlage der Selbsterkenntnis und Quelle einer Begeisterung, welche das Innerste mit dem Äußeren in Berührung bringt — eine absolut wünschenswerte und keineswegs grausame Angelegenheit.

Du bist, der/die Du bist. Nimm's an! Du wirst mit Wachheit, Klarheit und Helligkeit konfrontiert. Gewöhn Dich daran ohne Druck. Sei bereit, ganz da zu sein, aus Dir heraus zu handeln und auf das, was geschieht, Antworten zu geben. Das ist Deine Verantwortung. Du brauchst es keinem recht zu machen außer Dir. Keine Vorbilder, Ideale, Normen, die wichtiger wären. Du brauchst nichts zu beweisen. Sei Dein/e Freund/in und liebe Dich.

Die andere Seite: So geht's nicht weiter. Du mußt aufstehen und Dich von einem kompletten, breitgefächerten Denkmuster verabschieden, wenn die jetzige Situation nicht Dein Gefängnis oder Dein Ruin werden soll. Lange genug bist Du falschen Vorstellungen nachgerannt. Es ist zum Verzweifeln. Aber die Entwicklung ist noch umkehrbar. Du hast in der Vergangenheit gewählt und kannst jetzt und in Zukunft neu wählen. Werde Dir Deiner Verantwortung Dir selbst und Deinen Nächsten gegenüber bewußt.

Sieg * Selbstaufgabe

Zwilling erforscht, wie es wirklich funktioniert. Sonne gibt größte Power.

Die Schwerter sind in Gestalt des (kabbalistischen) Lebensbaums angeordnet. Sie sind zum Teil gebrochen oder angeschlagen, d.h. sie sind gebraucht. Nur in der Anwendung der Gedankenwelt auf die Existenz einer Person erweist sich, welche Gedanken brauchbar sind und welche nicht. Zum »Untergang« verurteilt sind in diesem Zusammenhang ungeeignete Gedanken sowie gedankenlose Gewohnheiten.

Ein alter Zen-Spruch sagt: »Triffst Du Buddha, töte ihn!« Räum alle Idole und Autoritäten sowie alle aufgesetzten Selbst-Ideale aus dem Weg. Nimm Deine Stärke und Deine Freiheit in Besitz. Es geht eben nicht um Selbstaufgabe oder Aufopferung, sondern um die Hingabe an Dich selbst. Akzeptier Dich ohne bestimmte Vor-Erwartungen und Vor-Urteile. Der Tod der unfruchtbaren Träume, Vorstellungen und Theorien läßt einen neuen, strahlenden Horizont aufziehen. An die Stelle von festen Konzepten, ständiger Kontrolle und Rechtfertigung tritt die Fähigkeit, den Augenblick anzunehmen, in der Situation zu entscheiden und zu antworten. Wach sein für die Erfordernisse des Augenblicks ist dasselbe wie Dich immer wieder annehmen. Es ist wie eine Liebeserklärung an Dich selbst.

Andererseits kann die Karte zeigen, daß Du lieber an alten, untauglichen Vorstellungen festhältst, auch wenn sie Dich ruinieren. Stärke und Entschiedenheit als Selbstzweck führen zur Selbstaufgabe. Auf die Art kannst Du funktionieren wie eine Maschine mit Entscheidungscomputer. Aber Du bist schon lange tot, bevor Du stirbst. Du mußt lernen, Dich selbst zu spüren, Dir die/der beste Freund/in zu sein, Vereinbarungen mit Dir zu treffen und hindernde Verpflichtungen aufzubrechen.

Scheiben

Scheiben vertreten das Element Erde. Scheiben (üblicherweise »Münzen« genannt, manchmal auch »Pentakel« oder »Sterne«) stehen für den Körper, körperliches Erleben, praktische Fähigkeiten und angewandte Talente, für die konkrete materielle Lebensgestaltung und die Einrichtung der Umgebung. Die Welt der Münzen ist die Welt der Ergebnisse, Fakten und Produkte der körperlichen Wahrnehmungen und Empfindungen. Münzen handeln von Arbeit, Natur und Gemeinwesen, von Erdverbundenheit, Gelassenheit und Sicherheit.

Die Scheiben bzw. Münzen stellen ein Stück menschlicher Zivilisation und Kultur dar. Der Stoff, die Materie (das Metall) und menschlicher Erfindungsgeist (der das Metall gewinnt und verarbeitet) sind darin verkörpert.

Die Münzen (oder Scheiben) bedeuten aber auch die eigenen Talente. Das Talent war zu biblischen Zeiten ein Geldstück; Taler und Dollar stammen vom Wort Talent ab. Eine materiell-finanzielle Bedeutung steckt also in den Talenten. Zusätzlich aber die übertragene Bedeutung, unter der wir das Talent heute meist zuerst kennen — eine besondere Begabung und Aufgabe.

Die Münzen sind geprägt. Das heißt auf der einen Seite: In den Münzen können wir die Prägungen erkennen, die wir erhalten haben, unser Erbe, unter dem wir angetreten sind. Und auf der anderen Seite erkennen wir uns in den Münzen selbst als Prägestock, als Prägende, die das Gesicht der Erde und das eigene Antlitz gestalten, sowie das Erbe, das wir hinterlassen werden.

Wie das Schwert seine berühmt-berüchtigte Zweischneidigkeit besitzt, so hat die Münze ihre »andere Seite der Medaille«. Licht und Schatten sind in jeder Scheibe/Münze präsent.

Tierkreiszeichen:
Stier, Jungfrau, Steinbock

Planeten:
Venus, Merkur, Saturn

Temperament:
Phlegmatiker

Bewegung/Haltung:
Begrenzt

Große Karten:
I-Der Magier
III-Die Kaiserin
V-Der Hohepriester
IX-Der Eremit
XV-Der Teufel
XXI-Das Universum

Motto:
»Leben, einzeln und frei wie ein Baum
und brüderlich wie ein Wald,
das ist unsere Sehnsucht!«
(Nazim Hikmet)

Leben aus der Mitte * Wurzelkraft

Steinbock *kennt seine Berufung*. Saturn *konzentriert sich auf das Wesentliche*.

Du kennst die Kraft der Erde und die Macht der Natur. Du lebst aus dem Bauch heraus, verwurzelt und leidenschaftlich. Die Zyklen von Kommen und Gehen, von Geburt, Leben und Tod sind Dir praktisch vertraut. Eine tiefe Zuneigung zu den Menschen und der Natur zeichnet Dich aus. Du kannst hart arbeiten und in großen und kleinen Dingen buchstäblich aus dem Nichts Blüten und Früchte schaffen. Du verfügst über eine große Energie, die aus dem schöpferischen Umgang mit der Materie entspringt, eine Energie, die praktisch, geerdet, zielgerichtet und bestimmt ist.

Du lebst aus Deiner Mitte. Das gibt Dir viel Wärme und eine erotische Ausstrahlung. Du besitzt detaillierte Kenntnisse und eine zupackende Vor-Sicht. Du weißt, was Sache ist, und kannst sehr hartnäckig sein. Du bist anteilnehmend und aufmerksam. Dabei kannst Du Grenzen ziehen und akzeptieren. Du weißt, daß alles seine Zeit hat, daß jedes Ding seinen Verlauf nimmt, der durch Einmischung, Hektik oder Beschwörung doch nicht zu ändern ist. Wer von Dir beschützt wird, kann sich ohne Sorge bewegen, Du trägst Verantwortung für sein Wohlergehen wie Eltern für ein Kind.

Deine Verwurzelung kann sich aber auch in Passivität, notorischer Langeweile oder Trägheit ausdrücken. Du vermeidest dann Risiken, siehst links und rechts keine Alternativen mehr und bleibst kleben.

Genuß * Sicherheit

Stier *genießt das praktische Tun*. Venus *ist sinnlich, konkret und schön.*

Du bist eine schöpferische Persönlichkeit, erdverbunden, sicher und klar, mit einer großen Freude am Herstellen und Wachsenlassen. Du bist ruhig, zielstrebig, witzig und genießerisch. Du sorgst für klare Verhältnisse und eine solide Basis, auf der Leben und Beziehungen gedeihen können. Liebe geht Dir durch den Magen und durch alle Poren. Mit allen Sinnen erlebst und gestaltest Du Deine Umgebung. Wissen, Künste und Talente bringst Du konkret in den Alltag und die Gemeinschaft ein. Die Praxis ist für Dich das Entscheidende. Du schaffst für Dich und andere eine Atmosphäre von sinnlichem Genuß, von Geborgenheit und Freude.

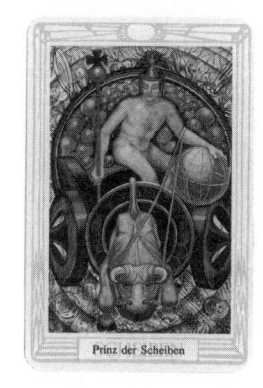

Deine Bodenständigkeit gibt Dir Kraft und Ausdauer. Du weißt Dich Deinen Mitmenschen verbunden, ohne Deinen eigenen Bereich dadurch einzuengen. Du weißt, daß letztlich überall mit Wasser gekocht wird. Aus all dem besitzt Du eine persönliche Sicherheit, die auf jede künstliche Profilierung verzichten kann, sowie eine unvoreingenommene Hinwendung zu Freunden, Kollegen und Nachbarn. Du bist hilfsbereit. Du kannst eine Gemeinsamkeit und Nähe schaffen, in der keine Persönlichkeit untergeht, in der auch die nötige Distanz gewahrt bleibt.

Deine Erdverbundenheit kann aber auch dazu führen, daß Du im alltäglichen Getriebe versinkst. Deine Persönlichkeit leidet dann, und Du bist kaum noch zu sehen. Du verlierst Überblick und Zusammenhang. Du stürzt Dich schlimmstenfalls noch mehr ins Gemenge, mit einer Mischung aus Sturheit und Selbstverlorenheit.

Ausgeglichenheit * Wohlbehagen

Jungfrau *ist realistisch und einfühlsam.*
Merkur *verbindet Körper, Geist und Seele.*

Du bist eine kraftvolle, gelassene Person. Du stehst in oder vor bestelltem Land und kannst die Dinge wachsen lassen. Eine angenehme Lebenssituation, die auf Deiner praktischen Lebenseinstellung beruht und darauf, daß Du bei Dir bist. Du lebst unbeeinflußt von aufgesetzten Idolen, die Dich von Deinem Kern abziehen würden. Du weißt, Du lebst nur hier und jetzt, und für Dich ist entscheidend, daß Du das angenehm und behaglich machst. Deine Stärken sind die Freuden des Alltags, das konkrete Extra, ein persönlicher, »angemessener« Luxus. Du richtest Dir eine entsprechende Umgebung ein und sorgst für Dein leibliches Wohl. »In dieser Welt lebst Du mit Deinem Körper. Liebe ihn! ... Es ist nicht unwesentlich, ob Du in dieser Welt gut oder schlecht lebst« (Luisa Francia).

Die Freuden des Münz-Ritters erwachsen aus seinem Verständnis der natürlichen Grenzen und der Einheit allen Lebens. »In der Beschränkung zeigt sich der Meister«, und das gibt Dir eine Reife, die es Dir ermöglicht, loszulassen und Dich fallenzulassen. Du gewinnst dadurch eine beglückende Ruhe und Harmonie.

In Deiner Lebenseinstellung liegt aber auch die Gefahr, daß Du vorschnell aufgibst und Dich unnötig bescheidest. Anstatt unangemessene Grenzen zu durchbrechen, beschleicht Dich dann ein Gefühl von Ohnmacht, sinnloser Routine oder ewiger Plackerei.

Tochter/Sohn der Erde

Die Prinzessin der Scheiben ist wie die ruhende Erde an einem klaren Wintertag. Sie steht im Zeichen der Wintersonnenwende *am 20./21.12., mit der der* Winter *und das Tierkreiszeichen* Steinbock *beginnen.*

Du bist eine ruhige, klare Persönlichkeit mit einem erfahrenen und beweglichen Gemüt. Du kennst die Kraft der Natur und die Macht des Schicksals, deren Unerbittlichkeit und Extreme, aber auch deren Ruhe und Auflösung. Du hast »diese schöne Gelassenheit, die daraus erwächst, daß man die Dinge sein läßt, wie sie sind« (Gina Ruck-Pauquèt). Deine Münze hast Du von der Mutter Erde als Geschenk erhalten. Du achtest sie, untersuchst sie und spielst mit ihr. Du hast Freude am schöpferischen Umgang mit der Materie. Einen Spaziergang durch die Wiesen machst Du zu einem Abenteuer voller Entdeckungen. So hältst Du es auch mit Deinen Beziehungen und Begegnungen. Ruhig und zugewandt kannst Du formen und wachsenlassen, genießen und im gegebenen Moment Abschied nehmen. Praktische Neuigkeiten und neue Ergebnisse sind Deine Sache.

Gefahren entstehen Dir, wenn Du mit Deiner Münze nur unverbindlich herummachst. Du wirst dann entschlußlos, unselbständig und enttäuscht wie ein verwöhntes Kind.

Paradies * Dein Talent

Die Quintessenz des Elements Erde. Zugehörig sind die drei Erdzeichen Stier, Jungfrau und Steinbock.

Das Scheiben-As steht für Kraft und Gewicht der Materie, für die in sich ruhende Energie der Erde. Es ist eine runde Sache, in sich unendlich wie der Kreis oder die Materie selbst. Es verweist auf Deine Erdverbundenheit sowie auf die Blüten und Früchte, die Dein Know-how wachsen lassen kann. Die Karte signalisiert ein glückliches, rundes Leben mit allem, was Du auf dieser Erde brauchst.

Deine Bodenständigkeit gibt Dir die Fähigkeiten des Pragmatismus, des Realitätssinns und des schrittweisen Vorgehens. Darin liegt die Gefahr, daß Du Dich unnötig bescheidest, Dich fantasielos und stur in ausgetretenen Pfaden bewegst. Das kann bis zu Trägheit und Ohnmachtsgefühlen oder bis zu Starrsinn und Borniertheit führen. Andererseits kann Dir Deine Erdverbundenheit jedoch auch die Kraft geben, fantastische Einfälle, Abenteuerlust, Geistesblitze usw. in gute, reale Ergebnisse umzusetzen, mit langem Atem, zuverlässig und geduldig. Wenn Du »geerdet« vorgehst, kannst Du ausdauernd und effektiv handeln, ohne von Perfektionismus geplagt zu werden. Du hast dann die glückliche Gabe, eine Sache sowohl anfangen und durchführen, wie auch beenden und loslassen zu können. Damit vermeidest Du die häufig anzutreffende Spirale von Hektik und Erschöpfung. Du hast gute Voraussetzungen, aus Dir heraus zu handeln. Wenn Du die Kunst beherrschst, zu schlafen wenn Du müde bist, und zu essen wenn Du hungrig bist, dann kannst Du Paradiese erleben, hier und jetzt, die nichts mit einem Schlaraffenland zu tun haben, sondern sehr konkret und ganz real sind. Du findest immer wieder Deinen Mittelpunkt in den Gegensätzen von Haben — Sein, Machen — Sein, Nähe — Distanz, Arbeit — Freizeit, Theorie — Praxis u.a.m. Du hast Deine eigene Kraft in der Hand, ruhig, rund, konzentriert und ausgeglichen.

Großes Spiel ∗ Große Aufgaben

Steinbock *lebt aus seiner Mitte.* Jupiter *bringt Glück und Reichtum.*

Die große Acht in Gestalt der gekrönten Schlange drückt den Erhalt und die Umwandlung von Energien aus. Die Widersprüche der eigenen Person müssen gesehen und zugelassen werden, damit wir mit ihnen arbeiten können. Die Karte warnt vor dem »Teufelskreis« mangelnder Unterscheidung und ungelöster (Lebens-)Aufgaben.

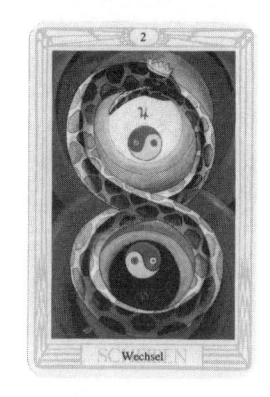

Die Nutzung der Polaritäten und die Aufhebung von Widersprüchen bewahrheiten sich in der (immer wieder neuen) Geburt einer bewußten Persönlichkeit und in einer fortwährenden Erneuerung der Erde. Gebrauche Deine Talente. Was für ein Glück, wenn Du mit den zwei Seiten einer Medaille zur selben Zeit etwas anzufangen weißt! Leiste Deinen Beitrag zur Gestaltung der Welt. Das macht Dich und Deine Mitmenschen reich.

Laß Dich nicht beirren, wenn Du erlebst, daß unsere kultivierte Welt oft nur aus Fassaden besteht. Schaff' selber Raum für Wesentliches, für die Dinge, die in Deinem Leben wirklich zählen. Du weißt vom Auf und Ab im Leben. Du kannst durch Deine spielerische und offene Art dazu beitragen, daß Unechtes bröckelt. Geh weiter, laß Dich nicht als Narr abstempeln, bleib weiter auf Deinem Weg.

Die Karte kann auch bedeuten: Spiel nicht unverbindlich herum, verspiel Deine Talente nicht. Achte auf Deine Mitte und Dein Selbstgefühl. In jedem Spiel steckt auch ein Stück Ernst.

Berufung * Arbeit

Steinbock *erfährt seine Berufung.* Mars *gibt seine starke Energie dazu.*

Die Symbolik der Pyramide: Auf breiter Basis Erfahrungen sammeln und diese auf das Wesentliche zuspitzen! — Wer nur sein eigenes Licht kennt, bleibt tief auf der Erde, ein flaches Licht. Wer nur das Erbe seiner Ahnen und Vorfahren antritt (ohne eigenen Funken), stellt sich auf einen Berg; doch dieser bleibt oben stumpf. Wer jedoch sein eigenes Feuer den Berg hochbringt, der oder die errichtet eine Pyramide: Einen Berg mit leuchtendem Gipfel.

Arbeit hat für Dich eine andere Dimension als ein Routinejob laut Dienstvorschrift. Aber nicht wie bei einem Arbeitswütigen, der in blindem Eifer versucht, durch seine Arbeit einen Sinn zu finden. Du folgst Deiner Berufung und findest eine sinnvolle Arbeit. Dein Engagement führt zu einer anderen Art von Arbeit. Weniger Streß, Langeweile und Verschleiß. Ab einem bestimmten Punkt sind nicht mehr bloß das Endergebnis oder irgendwelche Termine wichtig, sondern der Arbeitsprozeß als ganzer ist von Bedeutung. Arbeit wird auch zu Spiel und Abenteuer, zu Lernen und Lehren, zu Vergnügen und Kunst. Du erfährst, daß Dein Beitrag in einem größeren Ganzen eingebettet ist und wirkt; daß auch nebensächliche oder »niederrangige« Tätigkeiten einen bedeutungsvollen Teil Deiner Arbeit ausmachen.

So oder so kann die Karte Dir Anstoß geben, über Form und Ausmaß Deiner Arbeit nachzudenken. Ob und wie Du arbeitest, ist nicht selbstverständlich oder vorgegeben. Eine Arbeit mit Berufung ist wie eine gelebte Leidenschaft. Du kannst sie verfehlen, wenn Du versuchst, Dein Leben auf Freizeit und Rente zu beschränken. Du kannst sie aber auch totreiten, so wie eine abwechslungslose Bestellung den Acker auf Dauer ruiniert.

Auszeichnung * Stolz

Steinbock *hält an seinen Talenten und Aufgaben fest.* Sonne *spendet Energie und Wärme.*

Ergebnisse und Erfolge. Du kannst etwas und hast etwas, das dich in Deiner persönlichen Eigenart auszeichnet. Mit Deinen Kenntnissen und Fähigkeiten hast Du Dir einen befriedigenden Besitz, eine solide Basis geschaffen. Sie sind Ergebnisse Deiner Arbeit, Deines Könnens, Früchte Deiner Energie und Deiner Persönlichkeit. Genieße Deine Qualitäten, und steh zu Deinem Können. Du kannst mit Recht stolz darauf sein.

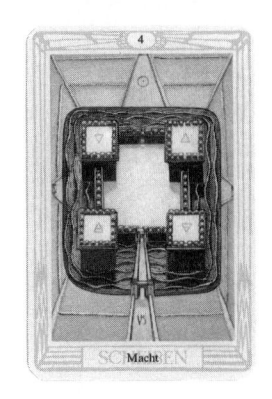

Können kann umgekehrt auch zu Kopfe steigen. Stolz als Hindernis. Die vier Scheiben können eine außerordentliche Starrheit zum Ausdruck bringen, stur, stolz und störrisch wie eine mehrfach bewehrte Festungsanlage. Du hältst krampfhaft fest, grenzt Dich von anderen ab. Kein Risiko mehr. Du kannst die Umgebung nicht erforschen, nicht auf andere zugehen. Du bleibst kleben. Statt Vielfalt und innerer Sicherheit: Langeweile, Trägheit, immer die gleichen Medaillen, die Du vorweist. Doch »in schön tapezierten Wänden/sollst Du nicht enden« (Ina Deter).

In den vier Ecktürmen sind die vier Elemente angegeben (wie auch in den beiden Yin-Yang-Zeichen im Bild der »zwei Scheiben«). Auch ohne dies deutet die Vierer-Anordnung in Quadrat oder Rechteck auf die vier Elemente hin, auf die »Ecken und Enden« der Welt. Gegenüber einem ganzen Universum kannst und mußt Du Dein Eigenes unterscheiden und offenhalten.

Zusammenarbeit * Großes Werk

Stier schafft sich Geborgenheit, auch wenn er sich manchmal selbst verliert. Merkur bringt neues Wissen.

Die fünf Scheiben können wie ein großes Räderwerk betrachtet werden, das bedrohlich und diktatorisch wirkt. Dies würde auf verselbständigte »Sachzwänge« deuten, denen Du Dich besonders ausgeliefert empfindest. Die positive Bedeutung der Karte (die im Titel »Quälerei« völlig fehlt) besagt: Wo verschiedene Menschen oder verschiedene Seiten der eigenen Person, inklusive Stärken und Schwächen, zusammenwirken können, da entsteht Heimat und ein sinnvolles größeres Ganzes, das die Kräfte der/des Einzelnen vervielfacht.

Akzeptiere, was Dich quält, und schau, was es bedeutet. Es gibt keine perfekten Endergebnisse, auf die Du warten müßtest. Der Streß, den Du schmerzhaft spürst, ist ein Umweg, auf dem sich Dein Selbst wieder bemerkbar macht. Wie eine Urkraft wirkt es jetzt durch ein Getriebe von Pflichten und Nöten durch. Halt Deine Wärme, Dein Funkeln nicht wie in einem Kühlschrank verschlossen. Laß sie zum Motor Deines Lebens werden. »Das Selbstbewußtsein ist/manchmal nur eingefroren/und kommt zum Leben,/wenn man's auftaut« (Wolfgang Ambros). Du bist berechtigt, glücklich zu sein. Fang an, gut zu Dir zu sein. Pfleg Dich. Verwöhn Dich und laß Dich verwöhnen. Mach es Dir bequem und richte Dein Leben danach ein.

Wenn Du irgendwo draußen Nöte und Qualen wahrnimmst, dann sei mitverantwortlich. Halte Deine starke Kraft nicht auf Deinen kleinen Rahmen begrenzt. Du brauchst auch klare Verhältnisse in Deiner Umgebung. Denn was Du draußen siehst, ist auch in Deinem Innern.

Geben & Nehmen

Stier sorgt für klare Verhältnisse. Mond *steht für die Kraft der Träume.*

Alles Gute kommt nicht von oben, sondern von Dir selbst. Für Dich ist inneres Gleichgewicht sehr wichtig. Ebenso brauchst Du klare Verhältnisse in Deiner Umgebung, in Deinen Beziehungen. Ein bestimmtes Maß an innerer und äußerer Harmonie ist Dir ein körperliches Bedürfnis. Wenn Du zu Dir freundlich bist, kannst Du Deinen Mitmenschen mit Zuneigung begegnen. Du entdeckst die Freude am Geben. Mit kleinen Gesten kannst Du überall, zu Hause, in der Straßenbahn, auf der Arbeit, einen Unterschied zum grauen Alltag setzen.

Die Freude am Geben: nicht dieses karitative Geben von Sachen, die Du selbst nicht benötigst; nicht dieses verklärte Selbstaufgeben im vermeintlichen Dienst an einer Sache oder Idee; nein, Dein eigenes Können, Deine Talente und Bedürfnisse zum Besten geben; Deine Träume ernstnehmen und konkret etwas dafür tun. In diesem Sinne besitzt Du nur, was Du weggibst, was Du nicht für Dich behältst.

Das Rosenkreuz in diesem Bild ist ein Symbol für die Reife und die Schönheit des persönlichen Ich. Natur und Kultur drücken sich in der Rose aus. Das Kreuz bedeutet u.a. die Annahme der eigenen Person und eines persönlichen Lebensweges in der Welt.

Der Mond stellt als Erdtrabant ein sichtbares Zeichen für »magnetische«, unsichtbare Kräfte der Erde dar. Wie im Mond also die Erde u.a. verborgene Energien offenbart, so bedeutet auch die Konstellation »Mond im Stier« eine Aufgabe oder einen Erfolg im Bemühen, die inneren Bedürfnisse zur Geltung zu bringen und sichtbare Ergebnisse (die Scheiben) dafür zu erzielen. Es kommt hier besonders darauf an, genau zu äußern, was Dich innerlich bewegt.

Bilanz * Eigener Maßstab

Stier schafft klare Fakten und folgt ihnen. Saturn ist wie ein erfahrener Alter, der nur durchgehen läßt, was taugt.

Du siehst Dich einer Art Dschungel gegenüber, einem Buch mit sieben Siegeln. Rätselhaft und undurchdringlich kann die Karte einen »Fehlschlag« bedeuten, wie der aufgedruckte Titel mitteilt. »Saturn in Stier« besagt, daß die ganze Last einer generationenlangen Geschichte sich in der konkreten Arbeit oder Freizeit bemerkbar macht. Saturn hemmt, bis Du seine ureigene Lebensweisheit gefunden hast. Dann gibt er jedoch den Schlüssel zum Rätsel-Dschungel her, und stellt den persönlichen Maßstab bereit, der es Dir erlaubt, Deine persönlichen Lebensumstände selbst zu gestalten.

Deine Ergebnisse sind ein Spiegel Deines Lebens. Es zeigt sich, daß gefühlsmäßige oder gedankliche Klarheit letztlich nur so viel wert ist, wie Du sie in Resultate umsetzt, und ebenso, daß Deine Ergebnisse und Produkte nur dann Glück und Befriedigung bringen, wenn sie Ausdruck Deiner selbst sind. Nutze die Reflexion, um auf den Punkt zu kommen, was für Dich wesentlich ist. Es geht nur weiter zu Ergebnissen, wenn Du Dich mit geltenden Beurteilungen auseinandersetzt und eigene Maßstäbe und Grundsätze findest. Hab Vertrauen in Deine Sicht der Dinge. Du kennst Dich am besten und weißt, was Du brauchst. Das Risiko, das jeder Entschluß darstellt, kannst Du nicht durch Zögern mindern. Wenn Du von dem ausgehst, was Du jetzt weißt und willst, kannst Du nichts falsch machen. Wie immer die nächsten Ergebnisse aussehen mögen, Du wirst aus ihnen lernen und weitere Kenntnis beziehen. Leg los. Schaff Fakten. Laß Dich fallen!

Andere Möglichkeiten wären, ewig dasselbe zu wiederholen, stets Neues anzufangen, skeptisch stillzustehen, einfach reinzuhauen, auf äußere Entwicklungen zu rechnen usw. Aber dann werden sich Deine Ergebnisse oder Nicht-Ergebnisse so oder so wie eine Mauer vor Dir türmen, Dich eingrenzen, und Du stehst da wie der Ochs vor'm Berg.

Ernte * Beschränkung

Jungfrau beschränkt sich auf das, was sie braucht. Das verwirklicht sie auch. Sonne spendet Wärme und Energie.

Die Mühen haben sich gelohnt. Reichliche Ergebnisse zeichnen Dich aus. Du kannst viel. Du hast lange gelernt und probiert. Du weißt jetzt, wie es geht. Du kennst Dein Metier, die Dir entsprechenden Inhalte und die passende Umgebung Deiner Arbeit, Deines Tuns; Du hast Deine Art, an eine Sache heranzugehen, Dein Tempo, einen eigenen Rhythmus. Das macht Dein Schaffen zu einem konkreten schöpferischen Vorgang.

Du bist ein/e Genießer/in. Du weißt, daß alles wichtig ist, nicht nur die Endprodukte, sondern auch die »Begleit«umstände. Du bist Dein Chef. Schritt für Schritt gehst Du vor. Deine Arbeit hat einen Charakter von Wachsenlassen, und Du wächst mit ihr. Das macht Dein Wirken angenehm und schafft reiche Ergebnisse, die sich wirklich lohnen. Eine Situation von persönlichem Überfluß: nicht jener Protz- und Verschwendungsluxus, sondern ein Überfluß an Wohlbehagen, verwirklichten Ideen und befriedigten Wünschen. »vieles war nicht nötig/und gerade das/wäre das nötigste gewesen« (Edith Vahrenhorst). Du verfügst über diese Kunst des Nötigsten, von der andere bestätigend sagen: »Der Mensch lebt für das Extra« (Bertolt Brecht) und »Wer nicht genießt, ist ungenießbar« (Konstantin Wecker).

Mit der Zahl Acht werden der harmonische Ausgleich, die Stabilität und die unendlichen Möglichkeiten in Verbindung gebracht, welche wir auch der »liegenden« Acht, d.h. dem Unendlichkeitszeichen und der Lemniskate, zuordnen. Zugleich ist die »Acht« Warnung (»Achtung!«) vor dem ausweglosen Kreislauf eines unveränderten Wechselspieles. Die Gefahr liegt in der Betriebsblindheit, in der bloßen Wiederholung von Bewährtem. Du sonderst Dich ab und siehst nicht mehr, was Du mit allen gemeinsam hast. Prüfe, ob Du noch flexibel bist, bei Deinem Tun noch spielen, entdecken und genießen kannst.

Einklang * Einsamkeit

Jungfrau lebt im Hier und Jetzt. Venus steht für die Schönheit des Lebens.

Du lebst im Einklang mit Dir. Du fühlst Dich wohl bei Dir. Dein Glanz, Deine Ruhe, Deine wohlgedeihende Umgebung zeigen es. Du hast diese sichere Gelassenheit, die daraus erwächst, daß Du weißt, Du wirst immer haben, was Du brauchst. Denn alles, was Du brauchst, ist in Dir. Du lebst hier und jetzt, aus Deiner Mitte. Erst durch die Beschneidung kann die Rose ihre Schönheit entfalten. Konsequent verzichtest Du auf unnötige Ideale, ungewollte Verpflichtungen und unverbindliche Experimente. Du bist bei Dir und läßt Dich fallen. Du wirkst wie ein Treibhaus. Du verwöhnst Dich gern. Du verstehst die Sprache der Tiere, Pflanzen, der Körper und Gesten. Um Dich herum kann alles wachsen und sprießen. Du bist Bewegung und Ruhe, Du bist fest und weich. Durch Deine Wärme und Vielfalt strahlst Du Geborgenheit und Erotik aus, bei Dir fühlt sich jede/r wohl.

Andererseits kann die Karte auch Einsamkeit in prachtvoller Fülle anzeigen. Deine vielen Ergebnisse bringen Dir nicht von sich aus Glück. Entspann Dich. Genieße Dich. Halte Deinen Glanz nicht versteckt. Auch: Verharre nicht in einer Pose von Selbstgefälligkeit oder Eitelkeit.

Karten mit der Zahl Neun können eine Art Reifeprüfung darstellen, eine Etappe der Ausreifung, der Musterung und des Gewahrwerdens. Eigene Erkenntnis und persönliche Autonomie im Umgang mit den Kräften des Elements Erde werden hier gesucht oder gefunden.

Glück * Routine

Jungfrau lebt im Hier und Jetzt. Merkur *sorgt für Kommunikation und Austausch*

Du findest Dein Glück, befriedigende Beziehungen und Dein Zuhause. Alles, was Du brauchst, ist da. Seelischer und materieller Wohlstand. Eine bewegliche Ausgeglichenheit. Eine Fülle von Möglichkeiten und Anregungen. Ein Bezugsrahmen, der ein klares Umfeld absteckt und in dem sich zugleich das ganze Universum spiegelt. Die Erfahrung von Verwurzelung und Ankunft: Wo Du beheimatet bist, kannst Du Dich fallenlassen. Und wo Du Dich fallenläßt, schaffst Du Dir Heimat.

Du folgst Deinem Stern. Erfahrungen von Dir und anderen fließen zusammen zu einem größeren Ganzen. Du weißt, daß Du nichts festhalten kannst. Daß Veränderungen unvermeidlich sind und Möglichkeiten beinhalten. Du siehst, wie Dein Tun auf dem der Alten aufbaut und wie die Jungen es weiterführen. Ja, Zeit ist nur relativ. Du erkennst Dich selbst zugleich in dem Jungen und dem Alten. Keine Grenze, wo auf einmal Schluß ist. Nichts geht verloren. Nichts hält Dich ab, zu leben und Deinen Puls zu spüren, zu verweilen und zu gehen.

Kooperation, Austausch, gegenseitige Unterstützung und Kompromisse werden zu Grenzen, wenn sie nicht das Ergebnis, sondern ein Ersatz dessen sind, daß Du Deinen Weg gehst. Gegenseitiges Behüten und eingespielte Verhaltensregeln setzen Dir Schranken. Sie rufen wiederum das Bedürfnis nach der vermeintlichen Sicherheit fester Verhältnisse erst hervor.. Es ist nur die Umkehrung davon, wenn Du Dich allein, isoliert und beziehungslos durch den Dschungel schlagen willst.

Karten mit der Zahl Zehn bedeuten Erfüllung, Ziel und Ausgangspunkt. Hier gibt es viele »Aufgaben«: Vieles ist loszulassen (aufzugeben), und vieles ist zum Ziel zu bringen.

Erfahrungen mit Tarot

Tarot ist immer für Entdeckungen gut. Besonders wenn Du Dich über einen längeren Zeitraum damit beschäftigst, findest Du immer neue bedeutungsvolle Verbindungen zwischen einzelnen Karten oder Kartengruppen. Die Auseinandersetzung mit solchen Zusammenhängen ist sehr ergiebig. Damit Du mit Deinen Erfahrungen sorgfältig umgehen kannst, empfiehlt es sich, ein Tagebuch zu führen. Wenn Du Deine Entdeckungen in den Kartenbildern dort notierst, schaffst Du Dir mit der Zeit Dein eigenes Nachschlagewerk.

Tierkreiszeichen und Elemente

Die folgenden Kartenkombinationen sind so dargestellt, daß sie auch ohne astrologische Vorkenntnisse nachzuvollziehen sind. Eine Möglichkeit vorweg: Du nimmst Dein Geburtsdatum und errechnest die Quersumme der Ziffern. Die große Karte, deren Zahl der Quersumme entspricht, kann als ein Schlüssel für Dich gelten.

Aus der Tabelle auf S. 116 kannst Du entnehmen, in welchem Tierkreiszeichen Du geboren bist. Du findest in der Tabelle ferner eine große Karte und eine Hofkarte, die für Dein Tierkreiszeichen typisch sind, sowie eine weitere große Karte, die ergänzend hinzugenommen werden kann. In der Regel haben diese drei Karten für Dich eine besondere persönliche Bedeutung. Nach unserer Erfahrung ist die Beschäftigung mit diesen Persönlichkeitskarten sehr aufschlußreich.

Dein Tierkreiszeichen sagt Dir auch, zu welchem der vier Elemente Du eine besondere Beziehung hast. Jedem Element entspricht eine Farbreihe der kleinen Arkana. Es ist ebenfalls sehr lohnend, sich mit dieser zu beschäftigen. Das Element, das zu Deinem Sternzeichen gehört, findest Du auf den Seiten 46, 62, 78 und 94 (z.B. Steinbock = Element Erde). Du kannst Dir nun die ganze Farbreihe vorlegen und zunächst mit der Betrachtung derjenigen Karten beginnen, die Dich besonders ansprechen. Oder Du fängst mit dem Teil der Farbreihe an, der Deinem Tierkreiszeichen zugeordnet ist (z.B. Steinbock = Farbreihe Münzen, zu Steinbock zugeordnet = Münz-Königin, Münz 2, 3 und 4, vgl. Tabelle S. 117). Fahre dann fort, bis Du alle Karten der Farbreihe im einzelnen studiert hast. Auf die Weise lernst Du die besonderen Qualitäten kennen, die für Dein Element typisch sind.

Du kannst dann einen Schritt weitergehen. Jedes Tierkreiszeichen hat im astrologischen Kreis sein Gegenüber:

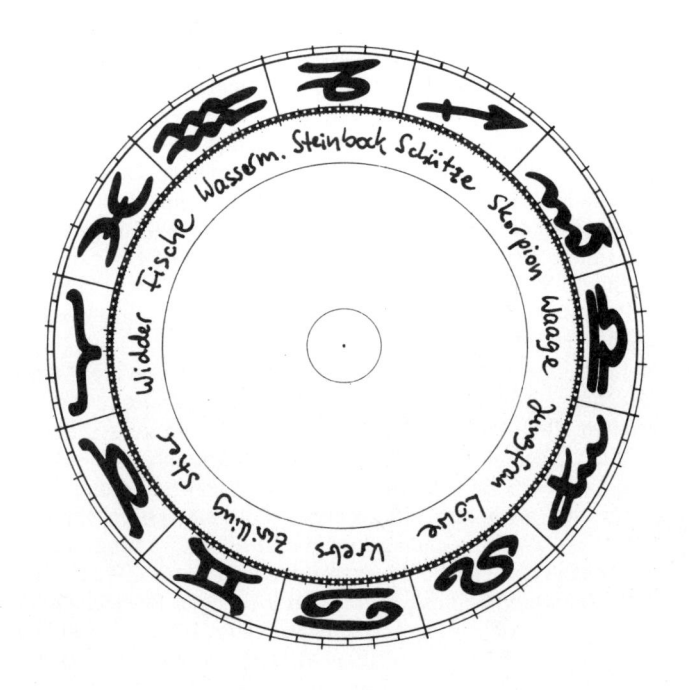

Verfahre nun mit dem gegenüberliegenden Tierkreiszeichen wie mit dem Geburtstagszeichen: Such Dir die entsprechenden Persönlichkeitskarten heraus oder die betreffende Farbreihe. Untersuche sie genauso, wie Du das zunächst mit »Deinem« Tierkreiszeichen gemacht hast. Du wirst bei diesem zweiten Durchgang hochinteressante Gegensätze und Ergänzungen feststellen. Leg dann die Karten beider Tierkreiszeichen zusammen vor Dich, und Du erhältst bereits eine relativ differenzierte Aussage über Deinen Persönlichkeitstyp.

Weitere Möglichkeiten:
- Wenn Du Deinen Aszendenten kennst, kannst Du mit ihm und seinem Gegenüber (dem Deszendenten) ebenso verfahren wie mit dem Geburtstagszeichen und dessen Gegenüber. Zusammengenommen sind dies dann vier Pole, die sich zu einem aussagestarken Persönlichkeitsprofil ergänzen.
- Suche Bedeutungsverbindungen, die Deinem Element entsprechen. Beispiel: Du bist Widder, Element Feuer. Weitere Feuerzeichen sind Löwe und Schütze. Nimm nun die typischen großen Karten und Hofkarten für die drei Feuerzeichen. Du erhältst laut Tabelle S. 116/117: IV-Der Kaiser, XI-Lust und XIV-Kunst sowie Stab-Königin, -Prinz und -Ritter. Als ergänzende große Karten kannst Du dazulegen: XVI-Der Turm, XIX-Die Sonne und X-Glück. Wenn Du diese Karten studierst, gewinnst Du Einblick in Zusammenhänge, die die Entdeckung Deines Elements mitsamt seinen Qualitäten erheblich vertiefen.
- Dein Tierkreiszeichen hat im astrologischen Kreis nicht nur ein Gegenüber, sondern bezieht sich auch auf zwei weitere Tierkreiszeichen, die jeweils im Abstand von 90° zu ihm stehen. Beispiel: Schütze, Gegenüber = Zwillinge, 90°-Abstand = Fische und Jungfrau. Am besten läßt sich diese Viererbeziehung als ein Kreuz von zwei sich schneidenden Polaritätsachsen vorstellen: Schütze — Zwilling und senkrecht dazu Fische — Jungfrau. Such Dir anhand der Tabelle die entsprechenden Karten. Wenn Du mit den Hofkarten beginnst, ergibt sich im obigen Beispiel: Schütze = Stab-Ritter, Zwillinge = Schwert-Ritter, Fische = Kelch-Ritter, Jungfrau = Scheiben-Ritter. Mit anderen Worten: Durch jene Kreuzbeziehung sind alle Ritter miteinander verbunden; genauso verhält es sich mit den Prinzen und den Königinnen. Jeweils vier gleiche Hofkarten führen Dich einmal durch alle vier Elemente, und sie erweitern Deine Erkenntnisse aus der früheren Betrachtung Deines Tierkreiszeichens und seines Gegenübers. Die Hofkarten sind für diese Vierervergleiche praktisch, weil Du eben nur z.B. die vier Ritter heraussuchen mußt. Du kannst aber auch die Tabelle nehmen und die entsprechenden großen Karten heranziehen, da zeigen sich ebenfalls neue Bedeutungszusammenhänge. Im obigen Beispiel wären das: XIV-Kunst, VI-Die Liebenden, XVIII-Der Mond und IX-Der Eremit.

Zahlensysteme

Alle Versuche, die Karten in bestimmte Systeme zu fassen, sind mit Vorsicht zu genießen. Das gilt auch schon für die obigen Kombinationsvorschläge mit Hilfe der Tierkreiszeichen. Solche Raster können sehr viel leisten, wenn wir erkannte Bedeutungen vertiefen wollen. Sobald wir aber die Karten nur noch in bestimmten Zuordnungen sehen, geht ein großer Teil der unbefangenen und aufmerksamen Betrachtung verloren. Generell kann jede Karte mit jeder anderen zusammenhängen, und jede Karte spricht immer zuerst für sich. Mit soviel Vorwarnung nun ein paar der zahlreichen Zahlensysteme.

Große Arkana

Stell Dir die 22 großen Karten als einen Kreis vor, d.h. die I schließt sich wieder an die XXII/O an. Wenn Du den Kreis betrachten willst, ist es gleichgültig, an welchem Punkt Du damit anfängst. Innerhalb des Kreises haben wir u.a. folgende Systeme mit Gewinn ausprobiert:

- Jede Karte läßt sich als Addition von Kräften anderer Karten verstehen. Beispiel: XIX = XVIII + I = XVII + II = XVI + III = XV + IV = XIV + V = ... = XIV + III + II = XIV + IV + I usw.
- Die Karten von I — XX werden in zwei Reihen geteilt: I — X und XI — XX. Die I wird dann der XI zugeordnet, die II der XII, die III der XIII usw. bis die X der XX. — Annahme 1: Die I taucht auf »höherer« Ebene wieder in der XI auf, die II in der XII usw. bis die X in der XX. — Annahme 2: In der I sind maßgebliche Kräfte aus der XI enthalten, in der II aus der XII usw. bis in der X aus der XX.
- Die 22 großen Karten werden in zwei gegenläufige Reihen geteilt. Es liegen dann nebeneinander: I und XXII/O, II und XXI, III und XX, IV und XIX usw. bis XI und XII. Die Summe dieser Kartenpaare beträgt jeweils 23 und bedeutet, den gesamten Kreis der großen Arkana einmal zu durchlaufen und noch einen Schritt darüber hinaus zu tun. Eine enorm wichtige Betrachtung im Sinne einer ganzheitlichen Aneignung dieser großen Stationen des Lebens.

- Quersummenkarten: Mit Quersummenkarten sind hier die Karten der großen Arkana gemeint, die die gleiche Quersumme bilden: also 1 und 10; 2 und 11 sowie 20; 3, 12, 21; 4 und 13; usw. Quersummenkarten stehen zueinander in einem Verhältnis von Gegensatz und Ergänzung.

Kleine Arkana

Wenn Du die Farbreihen jeweils als Entwicklungslinien von der 1 bis zur 10 nimmst, kannst Du u.a. folgende Charakterisierung treffen:

1 — (As) Die Essenz des jeweiligen Elements.
2 — Die erste Grunderfahrung des jeweiligen Elements.
3 — Die zweite Grunderfahrung des jeweiligen Elements; sie ist in sich schon abgerundet und hat eine direkte Beziehung zur 10.
4 — Die dritte und letzte Grunderfahrung; hier ist immer ein erster ganzer Prozeß zu Ende.
5 — In der Mitte, Halbzeit, Umbruch, Zusammenstoß von »positiven« und »negativen« Kräften des Elements.
6 — Konsolidierung. Direkte Beziehung zur 10. Festlegung der Entwicklungsrichtung auf die 10 hin.
7 — Große Ergebnisse. Kritische Stufe.
8 — Neue Stufe. Erste Konfrontation mit dem Element in seiner Totalität (in seiner entfalteten Form).
9 — Erfahrungen mit dem Element in seiner Totalität. Stabile Situation. Endspurt.
10 — Die Essenz des jeweiligen Elements in entfalteter Form.

In diesem Schema kann wieder gelten, daß sich jede Karte als Addition von Kräften verstehen läßt, etwa $10 = 7 + 3 = 9 + 1$ usw. — Natürlich können wir uns gerade umgekehrt die 10er Reihe auch in der Entwicklungsrichtung auf die 1 (As) hin vorstellen. Schließlich können wir die 10 Karten auch wieder als Kreis auffassen, so daß es keinen besonderen Anfangs- und Endpunkt gibt.

Die Zuordnung der Tierkreiszeichen und Planeten

Die vorliegende Zuordnung der Tarot-Karten zu Tierkreiszeichen und Planeten geht auf den Golden-Dawn-Orden (Orden der Goldenen Dämmerung) zurück, eine Rosenkreuzer-Vereinigung in England. 1888 gegründet, zerfiel er bald nach 1900 wieder. Seine Bedeutung besteht u.a. darin, daß der Orden ein Erbe der reichhaltigen esoterischen Theoriebildungen des 19. Jahrhunderts war, die er seinerseits zusammenzufassen suchte. Die Tarot-Karten spielten dabei eine Rolle unter vielem anderen. Die heute gängigsten Tarot-Karten (Rider Waite Tarot und Crowley Thoth Tarot, ohne welche die Tarot-Welle der letzten 10 bis 20 Jahre nicht vorstellbar ist) gehen auf Urheber/innen zurück, die zuvor einmal Mitglied im Golden-Dawn-Orden gewesen sind: Pamela Colman Smith und Arthur E. Waite sowie Lady Frieda Harris und Aleister Crowley.

Bei der Konzeption ihrer Karten folgten beide Produzentenpaare — mit geringen Unterschieden — in der Zuordnung zur Astrologie dem Golden-Dawn-Muster, das auch in diesem Buch wiedergegeben ist. Deshalb finden sich die hier genannten Zuordnungen im Rider-Tarot oftmals im Kartenbild wieder (z.B. Widder-Zeichen auf der Karte »IV-Der Herrscher« und Stier-Köpfe im Bild des »Münz-König«), und auf den Crowley-Karten sind dieselben Zuordnungen fast sämtlich als Zeichen angegeben.

Wir betonen noch einmal, daß die Einleitungssätze bei jeder Karte vor allem die jeweils zugeordneten Tierkreiszeichen und Planeten nennen sollen. Darüber hinaus soll damit kurz deren betreffende Bedeutung angegeben werden. Eine ausführlichere astrologische Charakterisierung ist damit nicht bezweckt. Die Hinweise verstehen sich als Zusatzinformationen. Sie eröffnen, je nach Kenntnis der Astrologie, einen zusätzlichen Zugang zu den Karten oder einen Einstieg in die Sterndeutung. — Die Zuordnungen, die wir im Text bei jeder Karte angegeben haben, fassen wir noch einmal in der folgenden Tabelle zusammen.

Datum	Tierkreis-zeichen	»Regierender« Planet	Typische große Karte
21.3.-20.4.	Widder	Mars	IV-Der Kaiser
21.4.-20.5.	Stier	Venus	V-Der Hohepriester
21.5.-21.6.	Zwillinge	Merkur	VI-Die Liebenden
22.6.-22.7.	Krebs	Mond	VII-Der Wagen
23.7.-22.8.	Löwe	Sonne	XI-Lust
23.8.-22.9.	Jungfrau	Merkur	IX-Der Eremit
23.9.-22.10.	Waage	Venus	Ausgleichung
23.10.-21.11.	Skorpion	Pluto	XIII-Tod
22.11.-20.12.	Schütze	Jupiter	XIV-Kunst
21.12.-19.1.	Steinbock	Saturn	XV-Der Teufel
20.1.-18.2.	Wassermann	Uranus	XVII-Der Stern
19.2.-20.3.	Fische	Neptun	XVIII-Der Mond

Anmerkungen:
— Sonne und Mond gelten in den Begriffen der Astrologie auch als Planeten.
— Die Königin »regiert« jeweils in ihrer Farbreihe die kleinen Karten 2 — 4, der König 5 — 7 und der Ritter 8 — 10.

Entsprechende typische Hofkarte	Von Hofkarte »regierte« kleine Karten	Ergänzende große Karte
Stab-Königin	Stab 2 — 4	XVI-Der Turm
Scheiben-Prinz	Scheiben 5 — 7	III-Die Kaiserin
Schwert-Ritter	Schwert 8 — 10	I-Der Magier
Kelch-Königin	Kelch 2 — 4	II-Die Hohepriesterin
Stab-Prinz	Stab 5 — 7	XIX-Die Sonne
Scheiben-Ritter	Scheiben 8 — 10	I-Der Magier
Schwert-Königin	Schwert 2 — 4	II-Die Kaiserin
Kelch-Prinz	Kelch 5 — 7	XX-Das Äon
Stab-Ritter	Stab 8 — 10	X-Glück
Scheiben-Königin	Scheiben 2 — 4	XXI-Das Universum
Schwert-Prinz	Schwert 5 — 7	XXII/O-Der Narr
Kelch-Ritter	Kelch 8 — 10	XII-Der Gehängte XXII/O-Der Narr

— Die ergänzende große Karte hat jeweils denselben Planeten wie das betreffende Tierkreiszeichen, ist aber weniger eng mit diesem verknüpft als die typische große Karte.

Deine Sicht der Karten ist maßgeblich

Die systematische Betrachtung von Kartenzusammenhängen kann Bedeutungen vertiefen und eine ganze Erfahrungswelt widerspiegeln. Sie kann Anlaß sein, Dich weiterführend mit Themen der Psychologie, Mythologie und Astrologie zu beschäftigen oder mit Romanen und Lebensberichten oder mit Geschichte und Gesellschaftskunde oder mit ... Doch haben die Einsichten und Erkenntnisse, die die Karten eröffnen, letztlich nur wirkliche Bedeutung, wenn Du sie lebst. »Es gibt Gedanken«, so heißt es bei Schwert 8, »die Du nicht begreifen kannst, ohne Dein Leben zu verändern« (Werner Sprenger).

Finde einen persönlichen Zugang zu den einzelnen Kartenbildern. »Lies die Bedeutung in den verschiedenen Büchern und Broschüren nach, aber folge auch deinem Gefühl: Was löst die Karte in dir aus unabhängig von jeder Interpretation. Schreib dir das immer auf, das wird am Ende dein eigenes Tarotbuch« (Luisa Francia).

Der letzte Satz war einer der Anstöße für die Erstausgabe dieses Buches im Jahre 1984. Eines Tages hatten wir die Idee, neben unseren Tagebüchern speziell ein Tarot-Ringbuch anzulegen. Jede Karte bekam eine Doppelseite. Links klebten wir pro Karte die uns wichtigen Deutungen aus verschiedenen Büchern ein, rechts sammelten wir dann eigene Ideen, Erfahrungen, Träume, Assoziationen usw. Bis zum fertigen Buch war es ein weiter Weg, aber das war der Grundstock. Die Broschüre von Luisa Francia war unsere erste Einführung in das Tarot, und es ist auch ein »Danke« dafür, wenn wir ihr hier das Schlußwort überlassen (wem der nachfolgende Kaffeesatz nicht gefällt, die/der soll statt dessen ein beliebiges Tagesereignis einsetzen):

Wenn Du mit Tarot lebst, »wächst dein Bewußtsein in die Tiefe und dein Unbewußtes in die Höhe: du wächst zusammen, du wirst zu einem Ganzen. Du lernst die Botschaften aus dir (oder aus dem Kosmos, oder wie immer du das nennst) zu lesen und zu verstehen. Am Ende ist Tarot nur ein Gerüst: dahinter steht schon die ganze Zeit das Haus. Aber zuerst siehst du das Haus einfach nicht. Du kannst das Gerüst abbauen, wenn du es siehst. Das ist der Punkt, an dem du eigentlich auch keine Karten mehr brauchst, an dem du aus der Formation eines Moosflecken, aus einer Pfütze, aus dem Kaffeesatz, aus den Wolken lesen kannst. Aber bis dahin ist Tarot ein guter Weg!«

Quellenangaben und Anmerkungen

S. 7   Elias Canetti: Die Fackel im Ohr. München 1980, S. 130.

S. 8   Uta van Steen: Stäbe, Kelche, Schwerter, Münzen ... »Schwarze Kunst« ist wieder gefragt: Die Renaissance der Tarot-Karten, in: DIE ZEIT 6/84, S. 64

S. 9   Tarot-Geschichte vgl. Johannes Fiebig: Tarot — Andere Wege im Alltag. Trier 3. Aufl. 1992, S. 23ff. Zur Verbindung von Tarot und Kabbala s. im Anschluß auch: Jörg Wichmann: Die Renaissance der Esoterik. Eine kritische Orientierung. Stuttgart 1990, S. 104

S. 12   Zur »Nostalgie«: Colin Wilson und andere Biographen haben A. Crowleys literarische Produktion oftmals mit der Bemerkung »... fehlt jegliche Originalität. Es gibt nichts Eigenes, Originäres ...« (ab-)qualifiziert. Als Pauschalurteil ist dies sicherlich unzureichend; obwohl Crowleys Neigung zu Nostalgie und traditionellen Formen einen solchen Eindruck hervorrufen kann. Vgl. Colin Wilson: Das Okkulte. Berlin und Schlechtenwegen 1982, S. 504, 517

S. 12   Zu Crowleys Tarot-Kommentar: In sein »Buch Thoth — Eine kurze Abhandlung über den Tarot der Ägypter« ließ Crowley »Bibliographische Anmerkungen« aufnehmen (vermutlich von ihm selbst geschrieben), in welchen es am Ende heißt: »Das die Karten begleitende Büchlein wurde von Aleister Crowley ohne elterliche Hilfe hastig hingeschrieben. Eine genaue Prüfung möge man mit Nutzen übergehen.« Den Gefallen können wir A. Crowley ohne Schaden erweisen.

S. 13   »Ein Irrtum, der noch aus der bürgerlichen Ablehnung des Unbewußten ...«: Diese Passage folgt der Darstellung in: Johannes Fiebig: Der Löwe in uns. Wille und Verwandlung. Königsförde 1991, S. 70ff.

S. 16   Luisa Francia, Hexentarot. Traktat gegen Macht und Ohnmacht. München o.J. (1981), S. 6.

S. 24   A. Crowley selbst hat nur einen Magier im Kommentar zu seinem Tarot erwähnt und besprochen. Diesen haben wir hier abgebildet. Die beiden zusätzlichen »Magier«, welche manchen Ausgaben des Crowley-Tarot beigefügt wurden, sind frühere Bildentwürfe.

S. 27   Das »skandinavische Sprichwort« ist zit. n. Marilyn Ferguson, Die sanfte Verschwörung. Persönliche und Gesellschaftliche Transformation im Zeitalter des Wassermanns. 2. Aufl. Basel 1982, S. 280.

S. 29   Rainer M. Rilke, zit. n. Marilyn Ferguson, Beziehungen, in: Sphinx 25 (April/Mai 1984), S. 21.

S. 32   Franz von Assisi, zit. n. Reshad Feild, Ich ging den Weg des Derwisch, Frankfurt a.M. 1981, S. 97. Über den mittelalterlichen Mystiker Franz v. Assisi finden sich jeweils interessante eigene Kapitel in: Idries Shah, Die Sufis, Düsseldorf/Köln 1976 (Eugen Diederichs Verlag); Adolf Holl, Mystik für Anfänger, Stuttgart 1977 (Deutsche Verlags Anstalt).

S. 33   Anja Meulenbelt, Die Scham ist vorbei, Eine persönliche Erzählung, München 6. Aufl. 1981 (Verlag Frauenoffensive), S. 298.

The Beatles Songbook I, hrsg. v. Alan Aldrigde, München 1971 (dtv 745), S. 60.

S. 36   Johann Wolfgang v. Goethe, Selige Sehnsucht, in: Wilhelm Scholz (Hrsg.), Das Deutsche Gedicht, Stuttgart 1954 (Verlag Deutsche Volksbücher), S. 97.

S. 39   Ina Deter, Wenn schon'n Cowboy Präsident werden kann, auf der LP »Aller Anfang sind wir«, 1981 UP Records 3003.

Rose Ausländer, Gesammelte Werke, Leverkusen 1976 (Literarischer Verlag Helmut Braun), S. 232.

S. 40   Hermann Hesse, zit. n. Marilyn Ferguson, Die sanfte Verschwörung, Persönliche und Gesellschaftliche Transformation im Zeitalter des Wassermanns, Basel 2. Aufl. 1982 (Sphinx-Verlag), S. 134.

S. 42   Colin Wilson, zit. n. M. Ferguson, a.a.O., S. 441.

S. 52   Heinrich Böll, Man muß zu weit gehen, in: Süddeutsche Zeitung v. 30.1.1972, zit. n. ders., Das Heinrich Böll Lesebuch, hrsg. v. Viktor Böll, München 1982 (dtv 10031), S. 431.

S. 53   Das »Sprichwort der Sufis« stammt von Hazrat Inayat Khan und ist zit. n. Reshad Feild, a.a.O., S. 24.

S. 59　　　Beatles Songbook I, a.a.O., S. 46.

S. 62　　　Bertolt Brecht, Legende von der Entstehung des Buches Taoteking auf dem Weg des Laotse in die Emigration, in: Gesammelte Werke 9, Frankfurt 1967 (edition suhrkamp), S. 661.

S. 65　　　Zu »Stirb und werde«, vgl. Anmerkung zu S. 36.

　　　　　Italo Calvino, Der Baron auf den Bäumen, München-Wien 1984 (Carl Hanser Verlag), S. 194.

S. 74　　　Frederike Frei, Schuldschein, in: B. Heidebrecht (Hrsg.), Laufen lernen. Texte vom Aufbruch, Trier 1989 (Verlag Kleine Schritte), S. 9.

S. 76　　　Sheldon B. Kopp, Triffst Du Buddha unterwegs …, Psychotherapie und Selbsterfahrung. Frankfurt 1978 (Fischer Taschenbuch 3374), S. 194.

S. 77　　　William Blake, zit. n. Sonntagsgruß ans Krankenbett, Kath. Krankenbrief, St. Elisabeth-Krankenhaus, Köln ca. Sommer 1982.

S. 78　　　Bertolt Brecht, hier zit. n. einer Schulungsunterlage der IG Druck und Papier, Springen/Ts. 1982.

S. 79　　　Roswitha Schneider, Akrobatik, in: B. Heidebrecht (Hrsg.), a.a.O., S. 48.

S. 80　　　Reinhard Mey, Über den Wolken, auf der LP »Die großen Erfolge«, intercord 46409-9.

S. 82　　　Susanne Zühlke, Denn wenn man was liebt, in: B. Heidebrecht (Hrsg.), a.a.O., S. 28.

S. 84　　　Beatles Songbook I, a.a.O., S. 147; mit einer Änderung wurde die Übersetzung von Peter Zentner, a.a.O., S. 202, benutzt.

S. 89　　　Hans-Curt Flemming, An Mauern entlanggewachsen, in: B. Heidebrecht (Hrsg.), a.a.O., S. 50.

S. 91　　　Werner Sprenger, (ohne Titel) zit. n. Karl Adamek, Lieder der Arbeiterbewegung, Frankfurt 1981 (Büchergilde Gutenberg), S. 24.

S. 93   Der »Zen-Spruch« ist in verschiedenen Wortfassungen überliefert, vgl. S.B. Kopp, a.a.O., S. 161 f.; M. Ferguson, a.a.O., S. 436.

S. 95   Nazim Hikmet, zit. n. Wandmalerei an der Alten Feuerwache, Köln, Melchiorstraße.

S. 98   Luisa Francia, a.a.O., S. 36.

S. 99   Gina Ruck-Pauquèt, Ginas Zoo, Tiergeschichten, Reinbek 1976 (rororo rotfuchs 125), S. 40.

S. 100 Die griechische Aufschrift lautet »To mega therion«, zu deutsch »das große Tier«.

S. 103 Ina Deter, a.a.O.

S. 104 Wolfgang Ambros, Selbstbewußt, auf der LP »Selbstbewußt«, 1981 bellaphon 270 01 031.

S. 107 Edith Vahrenhorst, Vieles war nicht nötig, in: B. Heidebrecht (Hrsg.), a.a.O., S. 65.

Bertolt Brecht, Die Tage der Commune, Gesammelte Werke 5, Frankfurt 1967 (edition suhrkamp), S. 2148.

Konstantin Wecker, Wer nicht genießt, ist ungenießbar, auf der LP »Live«, 1979 Polydor 2664 239.

S. 116 Abb. des Tierkreises mit freundlicher Genehmigung des API, CH-8134 Adliswill.

S. 120 Luisa Francia, a.a.O., S. 7.

Literaturhinweise

Akron (C. F. Frey)/Hajo Banzhaf: Der Crowley Tarot. München 1991.

Anonymus d'Outre-Tombe: Die großen Arkana des Tarot. Ausgabe A in 4 Bd., Freiburg 1983. — Eine Auswahl bietet: (ders.:) Schlüssel zum Geheimnis der Welt. Meditationsübungen zum Tarot. Hrsg. v. Gertrude Sartory, Freiburg 1987.

Arrien, Angeles: Handbuch zum Crowley-Tarot. Neuhausen 1991.

Benz, Claudia: Tarot — 78 meditative Texte zum Rider-Tarot. Trier 1990.

Crowley, Aleister: Das Buch Thoth (Ägyptischer Tarot). Waakirchen 1981.

ders.: Tarot Divination (Separatdruck aus: The Equinox, Vol. I, No. 8). New York 1976.

Deutsches Spielkarten-Museum: Tarot — Tarock — Tarocchi. Tarocke mit italienischen Farben. Bearbeitet von Detlef Hoffmann und Margot Dietrich. Leinfelden-Echterdingen 1988 (Deutsches Spielkarten-Museum, Schönbuchstraße 32, D-7022 Leinfelden-Echterdingen).

Douglas, Alfred: Ursprung und Praxis des Tarot. Köln 1986.

Fiebig, Johannes: Tarot — Andere Wege im Alltag. 3. Aufl. Trier 1992.

Francia, Luisa: Hexentarot. Traktat gegen Macht und Ohnmacht. 4., erw. Aufl. Zürich o.J.

Gleichauf, Irmgard (Anando) (Hrsg.): Tarot — Einblick in verschlüsselte Weisheiten. Connection Special Nr. 8. München 1991.

Hollenstein, Marion: Zur psychologischen Deutung des Tarot-Spiels. Zürich 1981.

Kaplan, Stuart R.: The Encyclopedia of Tarot. 3 Bde. New York 1978, 1986 und 1990.

Müller, Harmut (Anand Anupam): Spiel Tarot — Spiel Leben. Neuaufl. Berlin 1985.

Nichols, Sallie: Die Psychologie des Tarot. Interlaken 1984.

Pollack, Rachel: Tarot. 78 Stufen der Weisheit. München 1985.

Waite, A.E.: Der Bilderschlüssel zum Tarot. Waakirchen 1978.

Wasserman, James: Instructions for Aleister Crowley's Thoth Tarot Deck, plus two essays written by Lady Frieda Harris with commentary and footnotes by Stuart R. Kaplan, New York 1978/1983.

Ziegler, Gerd (Bodhigyan): Tarot — Spiegel der Seele. Sauerlach 1984.

Autorin und Autor

Ihre Spezialität sind die Symbolsprachen Tarot, Astrologie, Traum- und Märchendeutung: Autorin Evelin Bürger und Autor Johannes Fiebig (Foto: Kieler Nachrichten).

Evelin Bürger, am 3.5.1952 in Kiel geboren. Gelernte Erzieherin und Sozialpädagogin. Sonne in Stier, Mond in Löwe, Aszendent Löwe, M.C. Widder.

Johannes Fiebig, am 30.3.1953 in Köln geboren. Ausbildung als Sozialwissenschaftler und Gymnasiallehrer. Sonne in Widder, Mond in Waage, Aszendent Stier und M.C. Steinbock.

E. Bürger und J. Fiebig leiten gemeinsam den Königsfurt Verlag und leben mit ihren beiden Kindern in Klein Königsförde, Schleswig-Holstein.

Erfahrungen mit diesem Buch, Kritik und Anregungen bitte an:

Evelin Bürger & Johannes Fiebig
c/o Königsfurt Verlag
Königsfurt 6
D - 2371 Kl. Königsförde (Post Bredenbek)

Träume und Ideale

Träume sind Spiegel der eigenen Gegenwart — zu lernen mit ihnen umzugehen ist elementar. Ideale brauchen wir, um uns danach ausrichten zu können. Hier lernen wir, sie zu verwirklichen.

Mit vielen Anleitungen und Beispielen gibt das Buch uns die Möglichkeit, bedeutsame Elemente unseres Lebens besser begreifen und einordnen zu können. Dies ist eine wichtige Voraussetzung zur Erhöhung unserer Lebensqualität.

Bruno-Paul de Roeck
Träume und Ideale
Geheimnisse in verschlüsselter Sprache

Gestalttherapie für jedefrau und jedenmann

14,80 DM
ISBN 3-923261-29-2

verlag kleine schritte

Zauber der Symbole

Johannes Fiebig legt eine neue, gut recherchierte und Faszinierende Sicht der Tierkreiszeichen vor. Neben Tarot und Astrologie kommen dabei auch Traum- und Märchendeutung zu Wort.

Jeder Band 160 Seiten,
zahlr. Abbildungen,
Paperback,
DM 14,80.
Königsfurt Verlag.
Erhältlich im Buchhandel.

Evelin Bürger/Johannes Fiebig
Tarot —
Spiegel Deiner Möglichkeiten
Ausgabe Rider-Tarot
128 S., 16,80 DM
ISBN 3-923261-05-5

Evelin Bürger/Johannes Fiebig
Tarot —
Spiegel Deiner Möglichkeiten
Ausgabe Crowley-Tarot
128 S., 16,80 DM
ISBN 3-923261-35-7

Johannes Fiebig
Tarot —
Andere Wege im Alltag
128 S., 16,80 DM
ISBN 3-923261-10-1

Das Standardwerk für Tarot-Einsteiger.
Ein kompaktes und schlüssiges Tarot-Buch, das neben persönlichen Erfahrungen und einem fundierten Hintergrundwissen die Freude an den Entdeckungen des Alltags in den Vordergrund stellt.

Bürger/Fiebigs *Tarot - Spiegel deiner Möglichkeiten*, als Rider-Ausgabe eins der meistverkauften Tarotbücher überhaupt, bietet als spezifisches Crowley-Buch einen kritischen Einstieg in die Welt des Altmeisters, der sonst entweder verteufelt oder verherrlicht wird. Wie die Rider-Ausgabe lebt auch dieses Buch von der persönlichen Ansprache der LeserInnen und der Herausarbeitung von Doppeldeutungen in Karten und Einzelmotiven.

»Fiebig, erfahrener Tarot-Anhänger, schlägt ein neues Kapitel im Tarot-Kartenlegen auf. Während die üblichen Handbücher mehr dem traditionellen Muster verhaftet sind, baut er auf selbständige Orientierung: Man legt sich selbst die Karten, gibt sich eigene Spielregeln und geht auf Spurensuche. Somit werden die Karten zum Spiegel der eigenen Geistesverfassung auf der Symbolebene.« (EKZ-Informationsdienst)

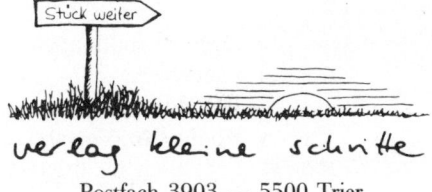

Stück weiter

verlag kleine schritte

Postfach 3903 — 5500 Trier

Tarot-Karten
Bücher und Karten im Set:

Wir können jetzt die Bürger/Fiebig-Ausgaben TAROT - SPIEGEL DEINER MÖGLICHKEITEN auch im Set mit den Karten anbieten (kleiner Preisvorteil; Karten in Banderole, zusammen mit Buch eingeschweißt):

Rider-Buchausgabe und Taschenausgabe Karten
Nr. 36-5:
Crowley-Buchausgabe mit Standardausgabe Karten
Nr. 37-3:

Außerdem bieten wir beide Ausgaben als Geschenk-Set an in einer schönen, liebevoll gestalteten Schachtel. Wer seine Karten mit dem Buch gerne in einer etwas »wertvolleren« Umgebung aufbewahren möchte, ist damit gut beraten.
Rider-Buchausgabe, Karten, in Geschenk-Set
Nr. 38-1:
Crowley-Buchausgabe, Karten, in Geschenk-Set
Nr. 39-X:

Die Original-Karten alleine gibt es außerdem exclusiv bei uns in einer »Kleine Schritte Geschenk-Ausgabe«: schön gestaltete, stabile Schachtel.
Rider-Karten in Geschenk-Schachtel
Nr. 950:
Crowley-Karten in Geschenk-Schachtel
Nr. 951:

Claudia Benz
Tarot —
78 meditative Texte zum Rider-Tarot
96 S., 14,80 DM
ISBN 3-923261-26-8

Meditative Texte, die Anstöße zur Interpretation der Karte bzw. zur Reflexion über die Karte und das Verhältnis zur eigenen Persönlichkeit bieten. Dank ihrer Poesie sind die Texte gleichzeitig Schlüssel und Geheimnis; sie dienen der tieferen Auseinandersetzung mit den Karten und bieten zahlreiche Ansätze sowohl für Einsteiger als »erste Hilfe« als auch für Fortgeschrittene auf dem Weg zu neuen Erkenntnissen.

Karin Nilsen
Tarot —
Orakel der Götter
90 S., 14,80 DM
ISBN 3-923261-30-6

Was zuerst sehr mystisch klingt, ist in Wahrheit ein Fingerzeig auf uralte Traditionen, auf die Zeit vor unseren rivalisierenden, monotheistischen Religionen. Bei den alten Göttern finden sich die Geheimnisse des Universums, das Dein Spiegel ist. Du findest Dich, bist ein Mosaik der verschiedensten Gedanken und Gefühle, aller erdenklichen Eigenschaften und Möglichkeiten. Die eigenen, noch unbekannten Seiten gilt es – ganz im emanzipatorischen Sinn – für jeden Menschen zu entdecken.

Stück weiter →

verlag kleine schritte
Postfach 3903 — 5500 Trier

Alle Jahre wieder!

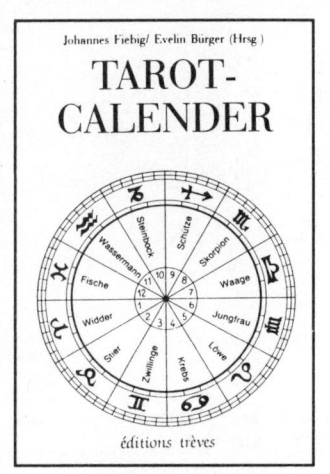

Tarot-Calender
(Jahresschrift für Tarot u. Astrologie)
Hrsg.: Johannes Fiebig und Evelin Bürger
Hardcover, Lesebändchen, Kapitalband,
Leinen mit Goldprägung

Ein wertvolles, sehr schön gestaltetes Jahrbuch. Texte über alle jahresspezifisch bedeutenden Tarot-Karten, Interpretationen der Karten im kalendarisch-astrologischen Zusammenhang. Eine kleine Kostbarkeit, die Ruhe und Besinnlichkeit in den oft hektischen Alltag bringt.

Herausgeber sind Johannes Fiebig und Evelin Bürger, deren Tarot-Buch »Spiegel deiner Möglichkeiten« inzwischen zum anerkannten Standardwerk der modernen Tarot-Interpretation geworden ist.

éditions trèves
Postfach 1550/ D-5500 TRIER 1